COLLECTION PAYOT

DIRECTEUR : GEORGES BATAULT

HENRI CORDIER

MEMBRE DE L'INSTITUT
PROFESSEUR A L'ÉCOLE DES LANGUES ORIENTALES

LA CHINE

PAYOT & Cie, PARIS

106, BOULEVARD SAINT-GERMAIN

1921

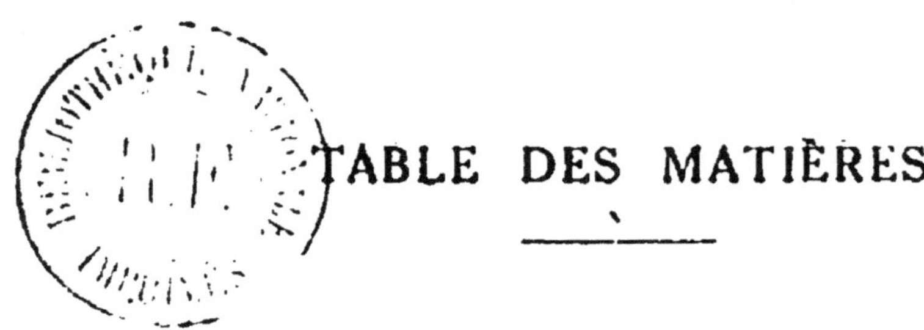

TABLE DES MATIÈRES

PREMIÈRE PARTIE

DESCRIPTION

DEUXIÈME PARTIE

HISTOIRE

TABLE DES MATIÈRES

PREMIÈRE PARTIE

DESCRIPTION

L'Empire chinois occupe la partie orientale du continent asiatique, la contrée des Seres et des Sinae des Anciens, entre le 18° et le 43° de latitude Nord et entre le 96° et le 120° de longitude Est, méridien de Paris.

Noms. — Les habitants de ce vaste Empire le désignent sous le nom de *Tchoung Kouo*, « l'Empire du Milieu », qui appartenait à la province de Ho Nan, fief de la dynastie des Tcheou qui régnèrent de 1122 à 255 avant J.-C. ; ils se nomment eux-mêmes « les hommes de l'Empire du Milieu », *Tchoung Kouo jen*. Toutefois, dans les documents officiels, la Chine portait le nom de la dynastie régnante, *Ta Ming Kouo, Ta Ts'ing Kouo*, « Grand Empire des Ming », « Grand Empire des Ts'ing ». Depuis la chute de la dynastie mandchoue, on emploie l'expression *Tchoung Houa Min Kouo*.

Le nom de « Chine » donné par les étrangers vient très probablement de la dynastie des Ts'in qui régna au IIIe siècle avant notre ère. Les géographes anciens mentionnaient au sud-est de l'Asie un pays de *Sinae* au sud de la contrée des Seres, *Serica*, pays de la soie. Nous trouverons la Chine désignée au VIIe siècle après J.-C. par Theophylacte Simocatta sous le nom de *Taugas*, tandis qu'au XIIIe et au XIVe siècles, elle est appelée par les voyageurs européens *Cathay* dans sa partie septentrionale, *Manzi* dans sa partie méridionale.

LIMITES. — La Chine proprement dite forme dix-huit provinces ou *Che pa Cheng*, mais il faut y ajouter la Mandchourie et les colonies, c'est-à-dire la Mongolie, l'Ili, le Kou kou nor et le Tibet qui la sépare de la Sibérie, du Turkestan russe et de l'Inde. Au sud la frontière est formée par les diverses parties de l'Indo-Chine ; à l'est et au sud-est, la mer baigne ses côtes depuis l'embouchure du Ya Lou, qui la sépare de la Corée, jusqu'à la frontière du Tong King, sur une longueur d'environ 3.500 kilomètres ; cette mer, dépendance de l'Océan Pacifique, est divisée par les Chinois en trois parties : Houang Haï, Mer Jaune, au nord ; Toung Haï, Mer Orientale, au centre ; et Nan Haï, mer du Sud ; le nom de Mer Bleue employé au lieu de Mer Orientale par les Européens est inconnu des Chinois. De nombreuses îles s'étendent le long de la côte, en particulier Tsoung Ming, l'archipel des Chousan, Formose, les Pescadores, les Ladrones à l'entrée de la rivière de Canton. Au nord, la mer creuse le golfe de Pe Tche-li dont les eaux baignent Ta Kou, embouchure du Pei Ho qui conduit à T'ien Tsin et qui est limité à l'est par la péninsule de Liao Toung et le Chan Toung.

SUPERFICIE. — Le *Calendrier Annuaire* de Zi-ka-wei (1906), qui est une des meilleures sources de renseignements sur la Chine, donne aux dix-huit provinces une superficie de 3.970.000 kilomètres carrés ainsi répartis : Tche Li, 300.000 ; Chan Toung, 145.000 ; Chan Si, 212.000 ; Ho Nan, 176.000 ; Kiang Sou, 100.000 ; Ngan Houei, 142.000 ; Kiang Si, 180.000 ; Tche Kiang, 95.000 ; Fou Kien, 120.000 ; Hou Pe, 185.000 ; Hou Nan, 216.000 ; Kan Sou, 325.000 ; Chen Si, 195.000 ; Se Tch'ouan, 566.000 ; Kouang Toung, 259.000 ; Kouang Si, 200.000 ; Kouei Tcheou, 174.000 ; Yun Nan, 380.000.

Montagnes. — Les montagnes qui forment l'ossature de la Chine prolongent en quelque sorte le système orographique de l'Asie centrale vers le Nord-Est et vers l'Est : T'ien Chan, K'ouen Loun entre le Tibet et le désert de Gobi, Himalayas entre le Tibet et l'Inde : ces montagnes sont : 1° celles au nord du Fleuve Jaune, qui dépendent de l'Ala Chan et du Kan Sou ; 2° la chaîne centrale, les Tsing Ling, qui séparent le bassin du Fleuve Jaune de celui du Yang Tseu ; et enfin, au sud, les Nan Ling ou Nan Chan entre le bassin du Yang Tseu et celui du Si Kiang. La partie la plus fertile de l'Empire est la Grande Plaine qui s'étend depuis la Grande Muraille au N. de Pe King, jusqu'au lac P'o Yang au Kiang Si, et depuis le Ngan Houei jusqu'à Hang Tcheou du Tche Kiang ; elle a une longueur d'environ 1.000 kilomètres et elle est traversée du N. au S. par le Canal Impérial. Dans le N. de la Chine, en particulier dans le Chan Si, on rencontre une formation tertiaire appelée *Loess* par les étrangers, et *houang tou*, terre jaune, par les Chinois.

Fleuves. — Les deux principaux fleuves de Chine sont le Kiang et le Ho, correspondant au *Yang*, principe mâle, et au *Yin*, principe femelle, dans le système chinois de la création.

Le Kiang, Ta Kiang, Grand Kiang, Yang Tseu, porte différents noms suivant son cours et en particulier celui de Kin Cha Kiang, dans sa partie supérieure. Il prend sa source au Tibet et traverse les provinces de Yun Nan, de Se Tch'ouan, de Hou Pé, qu'il sépare du Hou Nan, de Kiang Si, de Ngan Houei et de Kiang Sou. Il reçoit à gauche, à Loko Mi tien, le Ya Loung, grossi du Ngan Ning qui borde à l'ouest la région du Ta Leang Chan (Se Tch'ouan) habitée par les Lolos, à Soui fou, le Min qui arrose Tch'eng Tou, capitale du Se Tch'ouan, formé du Fou Ho et du T'oung Ho ou Ta Tou Ho, près de Lou Tcheou, le Tch'oung Kiang, à Tch'oung K'ing, le Kia Ling Kiang ; il reçoit à droite, à Kiang Pien, le Tso Ling Ho ; puis le Nieou lan Ho, le Houng Kiang, le Siu Young Ho, le Ho Kiang, le Wou Kiang ; il reçoit au sud les eaux du lac Toung T'ing qui est le déversoir des eaux du Siang Kiang, du Youen Kiang et du Li Chouei ; à Han K'eou, en face de Wou Tch'ang, sur la rive gauche, se jette le Han Kiang. Le lac P'o Yang forme une poche dans le Kiang Si, alimentée par le Kan, rivière de Nan Tch'ang, capitale de la province ; le Kiang est coupé par le Grand Canal à Tchen Kiang ; à son embouchure il reçoit la rivière de Wou Soung, en face de l'île de Tsoung Ming. Il a une longueur totale d'environ 5.000 kilomètres.

Le Houang Ho a sa source non loin de celle du Kiang au Tibet ; il descend au Kan Sou où il reçoit à droite le Tao Ho, et à gauche le Si Ning Ho ; il franchit la Grande Muraille en remontant vers le Nord, puis après un parcours en ligne droite de l'O. à l'E. il redescend brusquement vers le sud formant la boucle des Ordos ; avant de se diriger à nouveau vers l'E., il reçoit le Wei Ho à T'oung Kouan ; il va se jeter, après avoir coupé le Grand Canal, dans le golfe du Tche Li ; avant 1853, il déversait ses eaux au sud du Chan Toung. Ce fleuve, au cours difficile, est célèbre par ses inondations.

Parmi les autres fleuves, nous citerons le Pei Ho, qui arrose la plaine de Pe King et par T'ien Tsin descend à Ta Kou où il se jette dans le golfe du Tche Li, le Ts'ien Tang Kiang, rivière du Tche Kiang, ainsi que le Young Kiang qui baigne Ningpo ; le Min, rivière du Fou Kien, qui passe à la capitale, Fou Tcheou ; le Si Kiang, venu du Yun Nan, traverse le Kouang Si et arrive au Kouang Toung ; sa branche, le Tchou Kiang, rivière de la Perle, descend de Canton à la mer où elle se jette à Hou Men (Boca Tigris). A ces cours d'eau, il faut ajouter le Yun Ho ou Canal Impérial qui descend de T'ien Tsin du Tche Li, à Hang Tcheou, du Tche Kiang, avec une longueur d'environ 1.600 kilomètres.

CLIMAT. — Il est impossible de donner en quelques lignes des renseignements sur le climat d'un pays aussi considérable que la Chine. Les conditions climatériques dépendent de la latitude, de la distance des côtes, du voisinage des déserts de la Mongolie, et du régime des vents : ceux-ci amènent du nord des froids qui augmentent d'intensité au fur et à mesure qu'on monte vers le nord et une saison sèche qui dure de novembre à avril et qu'accompagnent des tourbillons d'une poussière redoutée à Pe King ; du sud, les vents amènent la chaleur et soufflent pendant la saison pluvieuse. La situation même des villes cause de grands changements dans la température ; à T'ien Tsin, le thermomètre descend en hiver à 20° et monte en été jusqu'à 38°, tandis qu'à Canton, il descend rarement au-dessous de zéro et monte également jusqu'à 38°. Les cyclones ou *siouen foung* originaires de Sibérie ou de la Chine occidentale, les typhons *(ta foung)* qui prennent naissance dans le Pacifique causent parfois de grands désastres en Chine.

ETHNOGRAPHIE. — En dehors des Chinois, différents suivant la région où ils habitent, et les Mandchoux, il y a en Chine des races considérées comme Barbares, dont il est parlé sous le nom de *Ti*, de *Joung*, de *Yi*, dans les ouvrages de l'antiquité. Aujourd'hui on les désigne sous les noms de *Yi*, de *Fan*, de *Man*. Les trois groupes les plus importants sont les *Miao Tseu*, au Kouei Tcheou et au Kouang Si, les *Lolos* et les *Mo-sos*.

Les Lolos répandus au Se Tch'ouan, au Kouei Tcheou et au Yun Nan occupent principalement le massif du Ta Leang Chan (grandes montagnes froides) dans la première de ces provinces ; ce massif est compris entre la rivière T'oung (ou Ta Tou ho) au nord, la préfecture de Yue Hi et celle de Ning Youen, la capitale, avec la rivière Ya Loung, à l'ouest ; Houei li tcheou au sud ; le Kin Cha Kiang (Haut Yang tseu) et Lei Po ting à l'est, la rivière Min au nord-ouest. D'une façon générale, on les divise en Lolos noirs et Lolos blancs, mais il y en a un grand nombre de variétés. Ils se disent originaires de la région située entre le Tibet et la Birmanie. Le nom de Lolo est d'origine chinoise inconnue et est considéré comme une injure. Dans un rapport du Gouverneur Général Lo Ping-tchang, les Lolos sont appelés *Yi*, terme de mépris usité par les Chinois pour les Européens ; dans certains endroits, ils se nomment eux-mêmes *Ngo Sou*. Ils ont une écriture ;

leur langue comporte un certain nombre de dialectes.

Les Mo-sos (Mo-sié) habitent le territoire des préfectures de Li-kiang et de Ho King dans la province du Yun Nan ; ils se désignent eux-mêmes sous le nom de *Na chi* ; on les nomme aussi *Mocha* et *Moti* ; les Tibétains les appellent *Djiung* ; Li Kiang est leur ancienne capitale. Subjugués d'abord par le roi de Nan Tchao, Yi-meou-tsin, ils furent définitivement conquis en 1255, par le général mongol Ouriangkadaï. Ils ont une écriture figurative.

Les provinces de Kouang Toung et de Yun Nan renferment en particulier de nombreuses tribus non chinoises. Au Kouang Toung, dans la préfecture de Lien Tcheou, on note les *Yao* et les *Tchouang*. Les Yao émigrèrent du Hou Nan et se soumirent complètement à la Chine en 1703 ; ils sont extrêmement violents ; ils font de leurs cheveux un chignon et ils s'entourent la tête d'un morceau d'étoffe rouge ; suivant la légende, ils descendent de P'an hou qui après avoir tué le chef des barbares faisant des incursions dans l'Empire épousa la fille de l'empereur Ti Kou qui régna de 2436 à 2366 av. J.-C. et devint l'ancêtre non seulement des Yao, mais aussi des Tchouang, des Miao Tseu et des Tchouang Kia. Les Tchouang, jadis des *Lang Ping* (soldats-loups), passèrent du Kouang Toung au Kouang Si ; on les désigne aussi sous le nom de *Chan Jen* (montagnards) ; ces chasseurs seraient venus au Kouang Si du Hou Nan et du Kouei Tcheou à l'époque des Mongols (XIIIe-XIVe siècles). Dans la préfecture de T'aï Ping fou on rencontre les *T'ou* ou *Thô* descendant de soldats qui avaient jadis combattu contre les Barbares méridionaux et qu'en récompense de leurs services on avait établis dans le pays.

Au Yun Nan nous trouvons les *Pa-yi* ou *P'o Yi* qui

sous les Han formaient la principauté de P'o Tseou et sous les T'ang les tribus de Pou Hioung et de Si-Ngo ; voisins de la Birmanie, ils se donnèrent aux Mongols Youen ; ils s'entourent la tête d'une étoffe noire ; ils ont une langue et une écriture spéciales, dont on possède le vocabulaire emprunté probablement au tibétain. Les *Cha Jen* descendent de chefs du Ngan Nan. Les *Noung* descendent de Noung Tche-kao ; leur territoire qui sous les Soung (960-1278) s'appelait T'e mo tao a été, sous les Ming, transformé en préfecture de Kouang nan fou ; ils sont comme les Cha Jen querelleurs. Les *T'ou Lao* ou *Chan Tseu* (montagnards) seraient de la race des *Kieou Lao*, eux-mêmes de la race des *Wou Man*, barbares noirs méridionaux du Yun Nan venus des territoires du Se Tch'ouan, du Kouei Tcheou et du Kouang Si ; ils sont peut-être les *Thô-lô-man* de Marco Polo. Les *P'o La, P'o Si*, jadis *P'ou Na*, furent annexés à la Chine sous K'oublai (xiiie siècle) ; ils étaient de la race de Kieou Loung, fondateur du royaume de Aï Lao, et formaient une tribu du Nan Tchao. Les *Miao Lolos*, désignés aussi sous le nom de *Hou teou ying tchang*, d'aspect repoussant, descendent de Barbares *Man* autochthones et diffèrent des Lolos blancs et des Lolos noirs. Les *Mou ki*, qui appartenaient jadis à la tribu des Tsouan orientaux, se soumirent aux Mongols. Les *Pe Jen* ou *Min-kia tseu*, de même race que les Pa-Yi, près de Ta Li à l'origine, appartenaient à la tribu des *Kin Tche* (Dents d'or) dont nous parle Marco Polo sous le nom de *Zardandan*. Les *P'ou tcha*, d'origine tonkinoise, ont eu leur territoire transformé en 1667 en préfecture de K'aï Houa ; ils sont cultivateurs et pêcheurs. Les *Ho-nhi*, qui habitent les montagnes, ont formé sous les Ming la préfecture de Youen Kiang. Les *Lolos blancs* « occupent le dernier degré de l'échelle parmi les barbares étrangers tandis que les *Lolos noirs* forment la classe la plus estimable des étrangers qui habitent sur le sol yunnanais ». (Devéria.) Les *K'ou Ts'oung* sont des Tsouan soumis depuis la dynastie mongole, de même que les *Tch'e sou*. Les *P'ou Jen* ou *P'ou Man* (Barbares du Sud) annexés par les Mongols descendent des *Pe Pou* ou *Pa Pe*, habitant Xieng Mai au Laos. Les *Mang*, qui formaient partie des tribus de Mien (Birmanie), ont été réunis à la Chine par les Ming au XVIe siècle. On compte encore un grand nombre de tribus dont on trouvera l'énumération dans *La Frontière Sino-Annamite* de Devéria (Paris, 1886) à laquelle nous avons fait de nombreux emprunts.

POPULATION. — En 1919, la population de la Chine était de 439.405.000 habitants ainsi répartis :
Mandchourie : 19.290.000 ; Tche Li : 29.400.000 ; Chan Toung : 38.000.000 ; Se Tch'ouan : 72.190.000 ; Hou Nan : 22.040.000 ; Hou Pe : 24.770.000 ; Kiang Si : 24.534.000 ; Ngan Houei : 37.000.000 ; Kiang Sou : 26.920.000 ; Tche Kiang : 22.690.000 ; Fou Kien : 20.000.000 ; Kouang Toung : 32.000.000 ; Kouang Si : 8.000.000 ; Yun Nan : 7.571.000 ; Chan Si, Chen Si, Kan Sou, Ho Nan, Kouei Tcheou : 55.000.000.
La population chinoise dans les ports ouverts au commerce étranger est de 9.762.500 ; les ports les plus peuplés sont : Han K'eou, 1.459.500 (avec Wou Tch'ang et Han Yang) ; Chang Haï, 1.000.000 ; Canton, 900.000 ; T'ien Tsin, 800.000 ; Hang Tcheou, 689.200 ; Ning Po, 674.000 ; Fou Tcheou, 624.000 ; Sou Tcheou, 500.000 ; Tch'oung K'ing, 495.800 ; Tch'ang Cha, 535.800 ; Nan King, 392.000 ; Harbin, 115.700 ; Tchen Kiang, 101.900, etc.
En 1919, la population étrangère en Chine comprenait

350.991 individus et possédait 8.015 maisons : Les Japonais, 171.485 personnes, 4.878 maisons ; les Russes, 148,170 personnes, 1.760 maisons ; les Anglais, 13.234 et 644 maisons ; les Américains, 6.660 personnes et 314 maisons ; les Français, 4.409 (dont 918 protégés) et 171 maisons ; les Portugais, 2.390 personnes et 93 maisons ; les Allemands, 1.335 personnes et 2 maisons ; les Suédois, 632 personnes et 4 maisons ; les Belges, 391 personnes et 20 maisons ; les Italiens, 276 personnes et 19 maisons ; les Danois, 546 personnes, 27 maisons ; les Hollandais, 367 personnes, 25 maisons ; Hongrois, 11 personnes ; Mexicain, 1 ; Norvégiens, 249 personnes, 12 maisons ; Espagnols, 272 personnes, 8 maisons ; sujets de pays sans traité, 536, 33 maisons.

RELIGION. — Il y a, en Chine, trois religions officielles : 1° *Jou Kiao*, religion des Lettrés ; 2° *Tao Kiao*, religion des Taoïstes ; 3° *Fo Kiao*, religion de Fo, c'est-à-dire du Buddha.

Le *Jou Kiao* comprend trois degrés de sacrifices :

a) Les grands sacrifices qui s'adressent au Ciel *(T'ien)*, à la Terre *(Ti)*, aux grands temples des ancêtres *(T'ai. Miao)*, où sont placées les tablettes des empereurs défunts de la dynastie régnante, aux *Chie'tsi*, dieux de la terre et des grains.

b) Les sacrifices moyens ont neuf objets : le soleil, la lune, les mânes des empereurs et rois des dynasties précédentes, Confucius, les anciens patrons de l'Agriculture et de la Soie, les dieux du Ciel et de la Terre et l'Année du Cycle.

c) Les sacrifices inférieurs, *Kioun se*, s'adressent soit à des bienfaiteurs défunts, à des hommes d'État célèbres, soit au vent, à la pluie, au tonnerre, aux montagnes, aux fleuves, etc.

C'est au solstice d'hiver qu'a lieu la grande fête de la religion d'État, c'est le jour où l'Empereur, Fils du Ciel, se rend officiellement au *T'ien tan*, Temple du Ciel, à Pe King.

Le *Tao kiao* est la doctrine de Lao Tseu, transformée en un mélange de recherches alchimiques, de pratiques de sorcellerie, de superstitions bouddhiques au premier siècle de notre ère par Tchang Tao-ling et ses successeurs.

Les doctrines de Lao Tseu se sont répandues moins peut-être par les propres ouvrages du philosophe que par ceux de ses disciples, en particulier de Tchouang Tseu, l'auteur du classique *Nan Houa*, adversaire de Mencius, vivant au IVe siècle, un des héros du conte connu sous le nom de la *Matrone du Pays de Soung*, dont la *Matrone d'Ephèse* est le pendant européen. Tchouang Tseu avait été précédé par le sceptique Li Tseu ; après lui, l'école taoïste ancienne compte Han Fei-tseu, qui se suicida en 223 av. J.-C., et Houai nan tseu ou Licou ngan, mort en 122 av. J.-C., pour ne citer que les plus célèbres.

Tchang Tao-ling descendait à la huitième génération de Tchang Leang, le célèbre conseiller de Leou Pang, fondateur de la dynastie des Han. Il naquit la dixième année de l'empereur Kouang Wou (34 ap. J.-C.) dans une pauvre chaumière d'un petit village de la province de Tche Kiang, situé au pied du T'ien mou chan, dans la préfecture de Hang Tcheou. De bonne heure, Tchang se livra à l'étude des ouvrages de Lao Tseu à laquelle il ajouta des recherches sur l'alchimie, science qui avait pout but « de prolonger la vie au delà des bornes de la nature ». Déjà la doctrine pure de Lao Tseu s'était transformée et avait été remplacée par des pratiques de magie et de sorcellerie, et les taoïstes abandonnant les hautes spéculations philosophiques de leur Maître se livraient à la recherche du *tan* et du *kin tan* à l'aide duquel ils pourraient fabriquer de l'or et obtenir l'immortalité : dans le but de poursuivre ses recherches, Tchang se retira au Pei-in-chan, au nord de Ho Nan fou, et tout en continuant ses méditations sur le *Tao* avec les disciples qu'il avait réunis autour de lui, il cherchait, d'après les diagrammes du *Yi King*, à découvrir les principes de la vie éternelle. Il transféra son domicile dans le pays de Chou (Se Tch'ouan) et c'est là qu'il découvrit l'élixir de longue vie. Il eut une entrevue avec son maître Lao Tseu et il disparut dans les cieux (157 ap. J.-C.).

Voici le portrait de Tao Ling, dont le fils Tchang Heng continua la tradition : « Son corps avait neuf pieds deux pouces de long ; ses sourcils étaient hirsutes ; son front, large ; son crâne rouge comme le vermillon ; ses prunelles, vertes. Il avait un gros nez et des joues anguleuses ; ses yeux étaient triangulaires ; des cornes étaient cachées sous son crâne ; ses mains pendantes dépassaient le genou. Il s'asseyait avec la majesté du dragon et marchait avec la dignité du tigre. Tous ceux qui le regardaient le trouvaient plein de noblesse. »

La religion du *Tao* comprend un immense Panthéon, embrassant une quantité de génies. Le Directeur général de la secte du taoïsme est le *Tcheng i se kiao tchen jen* qui est par privilège héréditaire le premier né par descendance en ligne directe de Tchang Tao-ling ; dans la capitale le culte a à sa tête deux Supérieurs, *Tao lou se* ; en province, des *Tao ki se Tou ki.*

Le *Fo kiao* ou Bouddhisme, quoique d'origine étrangère, n'en est pas moins devenu une des trois religions officielles de la Chine. Il est probable qu'elle fut introdüite en Chine par l'intermédiaire des Yue Tche sous l'empereur Ngai (2 av. J.-C.) ; la vision de Ming Ti (61 ap. J.-C.) dans laquelle cet Empereur aurait vu le Buddha paraît apocryphe. La protection accordée en Chine à la religion de Çakya Muni par l'empereur Houan, au Tibet par Srong Btsan Gampo, en amena la rapide extension. Ce fut dans le but de rechercher les écritures saintes du bouddhisme que des religieux chinois, dont les plus célèbres furent Fa Hian (ve siècle), Soung Yun (vi^e siècle) et surtout Hiouen Tsang († 664), entreprirent la longue route qui devait les conduire aux sanctuaires sacrés de l'Inde, particulièrement dans les pays de Gandhâra et de Udhyana.

Fa Hian est le nom en religion d'un pélerin dont les ancêtres étaient originaires de P'ing Yang au Chan-Si. Il se mit en route de Tch'ang Ngan (Si Ngan) en 399 avec plusieurs compagnons ; par Touen Houang, Chen Chen (Leou Lan), Kao Tch'ang, Yu T'ien (Khotan), les monts Ts'oung Ling, le Ladakh, il gagna l'Indus (Sin T'eou) qu'il traversa deux fois, arriva dans les royaumes de Udhyana et de Kian to wei (Gandhara) et suivit les bords du Gange jusqu'à son embouchure ; il avait mis six ans pour atteindre l'Inde centrale où il séjourna pendant six ans ; il s'embarqua pour le Tchampa, puis pour le pays des Lions (Ceylan) où il resta deux ans ; il aborda ensuite à Che P'o, le Jabadiou de Ptolémée, Yava Dvipa, Sumatra ou Java en 412 et y demeura pendant cinq mois. De Java, Fa Hian se dirigea vers Kouang Tcheou, mais une tempête l'obligea à se rendre à Tch'ang Kouang, département de Ts'ing Tcheou ; il y passa un hiver et un été, puis après s'être arrêté à Nan king, il rentra à Tch'ang Ngan en 414 ; il avait mis trois ans pour son voyage de retour ; son absence avait duré quinze ans. La relation de Fa Hian, rédigée deux ans plus tard, est intitulée *Fo kouo ki*, Relation des Royaumes Bouddhiques ; elle a été traduite en français par Abel Rémusat et en anglais par Samuel Beal et James Legge.

Hiouen Tsang était le nom d'enfance du Maître de la Loi qui portait dans le monde le nom de famille de Tchin. En 622, ayant accompli ses vingt ans, il reçut le complément des règles monastiques à Tch'eng Tou ; il se mit alors à voyager dans les différentes parties de l'empire pour visiter les Maîtres et s'établit enfin à Tch'ang Ngan dans un monastère où il eut bientôt épuisé le savoir de ses maîtres et constaté les nombreuses différences dans leur enseignement. Il résolut donc d'aller à la source même de la Loi, à l'Inde, pour consulter les docteurs sur les points de la Doctrine qui lui paraissaient douteux.

Hiouen Tsang se mit en route en 629 ; il traverse Lan Tcheou, Liang Tcheou, Yu men kouan et, sur son invitation, se rend chez K'io wen t'ai, roi de Kao Tch'ang, qui aurait voulu le retenir près de lui, passe à Karachahr, traverse les Ts'oung Ling, atteint le lac Issik koul dont il suit les bords vers le nord et arrive à la ville de Sou Che où il rencontre le Khan des Turks, Che Hou, qui chassait et l'invita à venir à sa résidence. Hiouen Tsang visite Samarkande et Boukhara, franchit l'Oxus, arrive au royaume de Kapiça, traverse l'Hindou Kouch et entre aux Indes ; le Gandhara, l'Udhyana, Benares, Kapilavastu au Nepal, le Magadha sont visités par lui ; il se rend au Tchampa et à l'Assam et enfin il revient en Chine par l'Indus, l'Oxus, le Pamir, Kachgar, Khotan, Pimo. Il fait une entrée triomphale à Si Ngan, après seize années d'absence en 645. C'est dans le couvent de Houng fo seu que Hiouen Tsang traduit cinq sutras et çastras et achève la rédaction du *Si Yu Ki*,

Mémoires sur les contrées de l'Ouest, dans lequel il traite des 128 royaumes qu'il a visités lui-même ou dont il a entendu parler (648). Reçu par l'Empereur à Lo Yang, Hiouen Tsang obtient du souverain qu'il écrive une préface qui contient 781 caractères. Le grand voyageur ne voulut accepter aucune fonction publique et passa sa vie entière à traduire les livres sacrés qu'il avait rapportés de l'Inde ; il mourut en 664, âgé de 68 ans. C'est grâce au récit des voyages de Hiouen Tsang que l'on a pu reconstituer la géographie de l'Asie centrale et celle du nord de l'Inde. Ses voyages ont été traduits par Stanislas Julien.

Les prêtres ou bonzes ont à leur tête : à Pe King, deux *Seng lou se*, ou Supérieurs, puis deux « bonzes bienfaiteurs », *Chan Che* ; deux « bonzes prédicateurs », *Tch'an kiao* ; deux « bonzes lecteurs », *Kiang king* et deux « bonzes instructeurs », *Kio-i* ; dans les provinces : des *Seng-kang-se Fou tou kang*, « Vice-Supérieur des Bonzes d'un Fou », des *Seng-tcheng*, « Supérieur d'un *tcheou* ou d'un *t'ing* », des *Seng houei*, « Supérieur des bonzes dans un *hien* ». « Les supérieurs des bonzes, dit le P. Hoang, sont nommés par le Vice-Roi ou le Gouverneur, sur la proposition du Préfet ou du Sous-Préfet. Leur office consiste à veiller sur les bonzes de leur district et à les convoquer, sur l'ordre du Préfet ou du Sous-Préfet, pour réciter des prières afin de pacifier les âmes des condamnés morts en prison, pour demander la pluie ou le beau temps et pour frapper le tam-tam pendant les éclipses du soleil ou de la lune. »

A l'origine, les Empereurs offraient des sacrifices à l'Etre Suprême *Chang Ti* sur un seul tertre ; plus tard le nombre des tertres sur lesquels étaient offerts les sacrifices furent augmentés, et sous les Ts'in, il y en eut quatre, représentant les quatre régions de l'Empire, au Centre, au Sud, à l'Est et à l'Ouest, et Chang Ti fut désigné sous le nom de Souverain rouge pour le Sud, Souverain jaune pour le Centre, Souverain vert pour l'Est, Souverain blanc pour l'Ouest. Le fondateur de la dynastie des Han, Lieou Pang, créa au Nord un cinquième Souverain, le Souverain noir. L'Empereur Wou érigea un temple spécial aux Cinq Souverains au nord de la Wei, transformant l'ancien monothéisme des Chinois en un polythéisme.

D'une façon générale, en Chine, les temples sont désignés sous le nom de *Miao* ; les étrangers les nomment souvent *pagodes*, nom d'origine hindoue ; le mot chinois *t'a* est l'expression correcte et s'applique plus particulièrement aux temples bouddhistes que l'on dénomme aussi *seu* ; *ngan* est un couvent de nonnes. Les monastères taoïstes sont nommés *kouan*. Les prêtres bouddhistes, les bonzes, sont des *ho chang* ; les prêtres taoïstes sont des *tao che*.

Les étrangers qui emploient dans leurs relations avec les Chinois des ports une langue spéciale appelée *pidgin-english*, composée de chinois, de malais, de portugais et surtout de mauvais anglais, désignent les temples, *Miao*, sous le nom de *Joss House*, *Joss* étant une corruption du portugais *Deos*, Dieu ; comme conséquence, les missionnaires sont des *Joss House Men*, les papiers dorés ou argentés sous forme de souliers de sycee, brûlés par les Chinois aux enterrements, deviennent des *Joss paper*, les cérémonies religieuses forment un *Joss Pidgin*, enfin les bâtonnets d'encens, *che tch'en hiang*, qu'on brûle dans les temples sont des *Joss sticks*.

Le temple le plus important du culte d'État est certainement le Temple du Ciel ou *T'ien tan* à Pe King. Il est le principal monument de la ville chinoise ; construit par l'empereur Ming, Young Lo, il fut réparé par K'ien Loung, au XVIIIe siècle ; il est compris dans un enclos de 5.750 mètres de pourtour, entouré d'une muraille continue, semi-circulaire, sans ouverture au nord, parallèle au rempart au sud, avec trois portes ; à l'est et à l'ouest, le mur est percé d'une porte.

Les temples de Confucius, *Wen Miao*, doivent être construits dans chaque préfecture, sous-préfecture, district, ville de marché, dans tout l'Empire ; le temple doit faire face au sud et il se compose de trois cours qui se suivent en général du Sud au Nord ; le temple proprement dit est appelé la salle de la Grande Perfection, *Ta Tch'eng tien* ; une des cours renferme la salle des ancêtres, *Tsoung Cheng tseu*.

Ce qui caractérise les temples de Confucius, ce sont les tablettes en l'honneur du Sage lui-même, de ses associés ou de ses disciples. La tablette de Confucius est placée à l'extrémité nord du Temple, regardant le Sud et portant l'inscription : *Tche Cheng Sien-che K'oung-tseu*, le Sage parfait, l'ancien Maître, le Philosophe Koung, titre donné à celui-ci en 1530 et qui, changé en 1645 par le premier empereur mandchou, Chouen Tche, fut définitivement rétabli en 1657.

En 1331, quatre associés *(Se Pe)* de Confucius reçurent par décret impérial les noms honorifiques sous lesquels ils sont connus encore aujourd'hui : Yen Tseu, qui mourut en 488 à 32 ans, reçut le titre de *Fou Cheng* ; en face de sa tablette dans le temple se trouve celle de Tseng Tseu, né en 506, avec le titre de *Tsoung Cheng* ; Tseu Seu, petit-fils de Confucius, avec le titre de *Chou Cheng* ; enfin Meng Tseu, avec le titre de *Ya Cheng*. Mais bien d'autres disciples ont des places réservées dans les temples de Confucius.

Les Confucianistes reconnaissent toutefois un grand nombre d'autres divinités pour lesquelles les sectateurs des autres religions témoignent également de la plus haute vénération. Nous citerons tout d'abord le Dieu de la Littérature.

Le Dieu de la Littérature est Wen Tch'ang ; né sous la dynastie des T'ang, dans le royaume de Yué, au Tche Kiang, il s'appelait Tchang Ya. S'étant établi à Tseu T'oung, au Se Tch'ouan, il se fit remarquer par son amour de la science et devint Président du *Li Pou* (Ministère des Rites). Suivant une autre tradition, il aurait vécu sous les Tsin (265-313 ap. J.-C.) et aurait été tué dans une bataille. Son nom a été donné à une constellation composée de six étoiles voisine de l'Étoile polaire. Il n'avait pas subi moins de dix-sept réincarnations. Sa pagode se trouve dans toutes les préfectures et les sous-préfectures, sans compter certains villages, et les candidats vont y faire leurs dévotions à la veille de leurs examens. K'ouei Sing fut adoré d'abord comme une étoile résidence de Wen Tch'ang ; c'est lui qui est le distributeur des grades littéraires. Outre Wen Tch'ang et K'ouei Sing, sont comptés comme Dieux de la Littérature, Kouan Koung et Tchou Hi.

Le Dieu de la Guerre, Kouan Ti, désigné aussi sous les noms de Kouan Yu, Kouan Koung, etc. est un héros de la période connue sous celle des Trois Royaumes (IIIe siècle ap. J.-C.). Kouan Yu dont le surnom primitif était Tch'ang Chang, et le surnom Yun Tch'ang, avait été obligé de fuir sa patrie Kie Tcheou (Chan Si) à cause d'un meurtre et de se retirer à Tchouo Tcheou dans le Tche Li, où il devint avec le géant Tchang Fei, qui devait être assassiné quelques années plus tard, l'un des principaux lieutenants de Lieou Pei, remplissant l'Empire de la terreur de ses armes. La légende raconte que les trois hommes s'étaient liés en 189 par un serment solennel dans le jardin des Pêchers situé à l'arrière de la ferme de Tchang Fei de se considérer comme trois frères et d'unir leurs forces pour servir le pays. Ce serment est connu sous le nom de *T'ao youen san kie' yi.* Le dévouement de Kouan Yu à Lieou Pei était absolu. Ts'ao Ts'ao qui avait fait prisonnières les deux femmes de Lieou Pei renommées pour leur beauté enferma Kouan Yu avec elles ; celui-ci respecta la vertu des deux prisonnières. Il était le type du Chevalier sans peur et sans reproche.

Après avoir occupé des postes importants, Kouang Yu défait à Lin Tsin (Hou Pe, 219), fut décapité à 42 ans avec son fils P'ing. Lieou Pei, devenu empereur sous le nom de Tchao Lie Ti, essaya de le venger, mais mourut avant d'avoir accompli son projet ; son successeur, Heou Tchou, donna au fidèle serviteur de son père le titre posthume de Marquis *(Tchouang Mieou heou)* ; la renommée de Kouan Yu, grandissant avec les siècles, l'empereur Soung, Houei Tsoung, à deux reprises, en 1102 et en 1109, lui conféra le titre de duc et de prince ; les Mongols imitèrent les Chinois et enfin, en 1590, l'empereur Ming, Chen Tsoung, faisait de l'ancien officier de fortune adopté par la légende un Dieu *(Ti)* de la Guerre dont les temples sont répandus dans tout l'Empire. Il est le Dieu Mars de la Chine.

BOUDDHISME. — La religion du Buddha, *Fo Kiao,* apporta avec son monde de Buddhas, de Bodhisattvas, un nombre de personnages nouveaux qui prirent, souvent avec l'adap-tation des prêtres taoïstes, les *Tao'Che,* une place importante dans l'Olympe chinois, composé hétéroclite des trois religions de la Chine, comprenant les *Chen*, esprits invisibles, immatériels, intelligents, se transportant dans l'espace, tels les Buddhas, les Bodhisattvas, etc. ; les *Sien* ou Immortels, qui vieillissent et ne meurent pas ; les *Chang* ou Saints, enfin les Dieux proprement dits.

La Trinité bouddhique, *San tsouen ta Fou*, les trois grands vénérables Buddhas, est, d'une manière populaire, désignée comme les *San Pao*, Trois Trésors.

Les noms des trois divinités varient suivant les époques et les localités. D'après le *Si yeou ki*, ces Buddhas sont *Che kia fou* ou *Fou Pao*, *Ngan-wou ngo-mi-t'ouo fou* ou *Fa Pao*, *Jou-lai-fou* ou *Seng Pao*, c'est-à-dire Dharma, Buddha, Samgha. A Kinchan, l'île d'Or, près de Tchen Kiang, dans le Yang Tseu, à l'autel on vénère Çakya Muni, *Che Kia fou*, Baishajyaguru, *Yo che fou*, Maitreya, *Mi lei fou* ; au revers de l'autel, sont représentés Avalokiteçvara, *Kouan Yin*, Manjuçri, *Wen Chou*, et Samantabhadra, *P'ou Hien*. On pourrait multiplier ces exemples.

En tête des Saints Bouddhistes vient *Jan Teng fou*, « la lampe brillante », ou *Ting kouang fou*, qui est Dipamkara Buddha, le premier des 24 Buddha qui apparurent avant Çakya Muni ou *Che Kia fou* ; les Tao Che ont essayé de l'accaparer avec le buddha *Ti Ts'ang Wang* dont ils ont fait une incarnation de King Chan Tseu. C'est à Jan Teng fou que remonte l'origine des pagodes aux « Mille Buddhas », *Ts'ien-Fo Toung*, dont les plus célèbres sont peut-être celles de Touen Houang, d'où M. Paul Pelliot et Sir Aurel Stein ont rapporté de si précieux manuscrits.

Les trois derniers buddhas du précédent *kalpa* : Vipasyin *(P'i p'ouo che)*, Sikhin *(Che k'i)*, Visva-bhu *(P'i che fou)* et les quatre du présent *kalpa* : Kracucanda *(Kiu lieou souen)*, Kanaka Muni *(Kiu nache meou gni)*, Kasyapa *(Kia yé)* et Çakya Muni *(Che kia fou)*, considérés comme les ancêtres du bouddhisme, sont désignés comme les *Tsi Fou*, les Sept Buddhas.

Çakya Muni, le dernier Buddha incarné, doit être succédé par le Buddha futur Maitreya *(Mi lei fou)*, représenté par un personnage obèse tenant « dans sa main un chapelet, dont chacun des grains représente une période de mille années, qu'il passa dans les exercices de toutes sortes de bonnes œuvres, pendant ses existences précédentes ». (H. Doré, *Superstitions*, VI, p. 78.)

Maitreya apparaîtra après les trois périodes d'établissement *(Tcheng fa)*, de progrès *(Siang fa)* et de déclin *(Heou fa)*, qui ont suivi la mort de Çakya Muni ayant une durée de 500, 1.000 et 3.000 ans.

Amida (Amitabha) (O-mi-t'ouo fou) est le Buddha du paradis de l'Ouest, *Si t'ien*, dont le culte fut introduit en Chine au IIe siècle de notre ère ; on célèbre l'anniversaire de sa naissance le 17e jour du 11e mois.

Kouan Yin (Avalokiteçvara), personnage complexe, le plus important du Tibet, qui aurait été le premier ancêtre mâle de la nation tibétaine, appelé Padmapāni dans le bouddhisme local qui le considère comme une incarnation d'Avalokiteçvara. Suivant les Chinois, c'était une déesse, troisième fille de Subhavyuha, le Tchouang Wang de la dynastie des Tcheou (696 av. J.-C.) qui malgré son père embrassa la vie religieuse ; ce n'est d'ailleurs que depuis les Soung et les Youen que Kouan Yin est représenté par une figure féminine ; elle est vénérée plus particulièrement le 19e jour du 2e mois, du 6e mois et du 9e mois chinois ; dans l'île de P'ou Tou, une des îles Chousan, elle est l'objet d'un culte spécial,

On désigne sous le nom de *Che pa Louo han, Arhân* ou *Arhat*, (18 Louo Han), de fameux disciples de Çakya Muni, dont le nombre varie d'ailleurs beaucoup et dont le nom s'applique plus particulièrement aux 500 arhat qui doivent réapparaître sur la terre comme des Buddhas et portent le titre de Samantha prabhâsa. Les Louo Han représentent des Tcheng Jen, des héros, quand dans le peuple ils ne sont pas considérés comme des brigands. On leur attribue des hauts faits ou des vertus, par exemple l'un d'eux I-sing fit jaillir une source saline au Se Tch'ouan. « Le Louo Han, dit le P. Doré, est un homme arrivé à la perfection, et qui sera bouddhifié à la fin de son existence actuelle ; il ne rentrera plus dans l'engrenage de la transmigration des âmes. »

Dans les temples, autour de l'autel central, d'un côté sont rangés les douze statues dorées des Louo han, de l'autre les douze grands Maîtres divins, *Ta T'ien che*, en tête desquels est placé Wen chou yen K'oung (Manjuçri) et dont le cinquième est Mi-lei cheng tche (Maitreya).

Manjuçri, disciple de Çakya Muni, est un bodhisattva devenu un buddha, vénéré particulièrement au Chan Si, au Wou T'ai Chan, par les bouddhistes suivant le Mahayana ; il aurait vécu 250 ans après la mort de Çakya Muni. D'autre part, le fameux pélerin Hiouen Tsang aurait vu une stupa à Mathura, avec les reliques de Manjuçri qui aurait introduit le bouddhisme au Nepal.

Le *Wou T'ai chan,* Montagne des Cinq Pics, s'élève à 3.600 mètres dans la province du Chan Si, près d'un des contreforts de la Grande Muraille. De nombreux temples consacrés au culte de Manjuçri, le buddha d'origine chinois, couvrent le plateau. M. Pelliot a trouvé dans les grottes de Touen Houang un plan de ces anciens monastères, sans doute reconstruits. Au printemps de 1908, le treizième Dalaï Lama qui, à l'approche des Anglais, avait fui de Lha-sa, avait quitté le monastère de Koumboun, avec ses deux cent cinquante fidèles et s'était rendu au Wou T'ai chan, le Riwotsé-na des Tibétains, où il s'installa dans le principal temple appelé P'ou-sa ting. Le Dalaï Lama y reçut la visite de M. Rockhill, ministre des États-Unis à Pe King et du commandant d'Ollone ; il quitta le Wou T'ai chan pour Pe King le 23 septembre.

Nous citerons deux autres pèlerinages célèbres parmi les bouddhistes chinois.

Le mont Omei ou Ngo Mei Chan, est situé à l'ouest de Kia Ting fou, dans l'angle formé par le confluent de la rivière de Ya Tcheou et du T'oung Ho, dans la province du Se Tch'ouan ; Baber, le voyageur anglais qui le premier l'a visité, lui donne une altitude de 3.374 ou 3.222 mètres, réduite à 3.030 mètres par les membres de la Mission lyonnaise ; il est un lieu de pélerinage pour les bouddhistes chinois, les lamaïstes tibétains et les tribus barbares du Leang Chan. Le pays est boisé, pittoresque ; on y rencontre à profusion l'arbre à cire ; les principaux temples de cette montagne sont le *Wan-Fo tang* avec une cloche de bronze d'environ 15.000 kilogrammes, le *Pao-ling Seu*, le *Fou hou Seu*, le temple du « Tigre de l'Été » ; plus haut la pagode centrale et la plus intéressante, le *Wan Nien Seu*, « Temple de dix mille ans », date des Tsin occidentaux (265-313 ap. J.-C.) et reçut son nom de l'empereur Ming, Wan Li ; détruit par un incendie, il a été rétabli au XVIIe siècle par l'empereur K'ang Hi ; il renferme une tour quadrangulaire en briques recouvrant un éléphant de grandeur naturelle entièrement fondu en cuivre blanc. La pagode du sommet de la montagne est couronnée d'un globe doré d'où le nom de *Sommet d'Or* ; près de ce temple se trouve une petite terrasse surplombant un précipice de 2.000 mètres de profondeur ; c'est au-dessus de ce gouffre, au milieu du brouillard, que se produit le phénomène de réfraction désigné par les Chinois sous le nom de *Fou Kouang*, « Gloire de Buddha ».

Le Dokerla avec ses trois pics, — près de 6.000 mètres, — est situé près d'A-ten-tseu dans la province du Yun Nan ; c'est un lieu fameux de pélerinage pour les Tibétains ; ce pélerinage comprend environ 18 jours de voyage circulaire : « en venant de Lha sa, écrit M. Jacques Bacot, notre compatriote, qui a parcouru le pays depuis la Salouen jusqu'à A-ten-tseu, on est sur le circuit du pélerinage. On retraverse ensuite le Mekong plus bas à Latza, on passe au sud de la montagne sainte et on longe la Salouen jusqu'à Tchrana. » Les pélerins orthodoxes marchent avec le Dokerla à droite, la secte des Bonpos et les magiciens noirs marchent avec le Dokerla à gauche. « Quand l'air est pur, on peut voir le grand pic blanc enfoncer dans le ciel sa pâleur lumineuse, dressé comme un cierge sur le long autel des Himalayas. » (Bacot.)

Les bouddhistes sont les plus nombreux parmi les sectateurs des trois religions ; leurs temples sont aujourd'hui répandus dans toute la Chine.

Les anciens Chinois n'ont eu aucune conception des Enfers ; ce furent les bouddhistes, non pas les premiers pélerins venus de l'Inde, mais ceux d'une époque un peu plus tardive, des T'ang et surtout des Soung qui en introduisirent la notion en Chine, notion singulièrement transformée et développée par les *tao che* ou prêtres taoïstes. Ces enfers désignés sous l'appellation générale de *Ti Yu*, prisons terrestres, sont situés au Se Tch'ouan et sont dis

tingués d'après la sous-préfecture dans laquelle est situé
Foung Tou tch'eng. Leur entrée est marquée par les puits
de pétrole qui s'y trouvent. A leur tête est placé le *Che
Tien Yen Wang*, le roi Yama des dix demeures ou le *Tien
Lo Wang*, le roi de la Porte des Enfers qui sont au nombre
de dix :

1º Le *Ts'ing Kouang Wang*, appelé *Tsiang*, né le premier
jour du second mois ; « c'est lui qui régit la distribution du
bien et du mal entre les hommes, de la vie courte ou prolongée, de la vie et de la mort. »

2º Le *Tch'ou Kiang Wang*, roi du Fleuve de Tch'ou,
appelé *Li*, né le premier jour du troisième mois ; son enfer
glacé *Houo ta ti yu* avec 16 petites prisons sont « réservés
à ceux qui ont tué d'autres hommes, leur ont nui ou à leur
propre corps, aux impudiques, aux voleurs, à ceux qui ont
tué des êtres vivants ».

3º Le *Soung Ti Wang* (roi impérial de Soung), appelé
Yu ; son enfer *Ta Ching* est un purgatoire ; il reçoit « celui
qui a nui au monde en résistant aux supérieurs, en ensei-
gnant de fausses doctrines, en suscitant des procès et des
querelles » qui passe ensuite dans le quatrième enfer.

4º Le *Wou Kou Wang*, qui s'appelle *Liu* ; son anniversaire est le 18 du 2ᵉ mois ; son enfer *Ho Ta ti yu* ou *Po
Liao* reçoit « tous les gens du monde qui ont refusé de payer
les taxes et dénié leurs dettes, qui ont usé de tromperies
et d'astuces ».

5º Le *Yen Louo Wang* (Yama, le fils du Ciel) appelé
Pao, dont l'anniversaire est le 8 du 1ᵉʳ mois ; il est destiné
à « ceux qui se sont exposés à la mort par compassion, qui
ont rendu le mal fait et se sont vengés ».

6º Le *Pien Tch'en Wang*, *Pi*, dont l'anniversaire est le
8ᵉ jour du 3ᵉ mois ; dans son enfer *Ta Kiao Houan Ti*

entrent « les gens du siècle qui ont murmuré contre le Ciel, qui ont nui à la terre ou qui, tournés vers le nord, se sont laissés aller à des pleurs et à des lamentations excessives ».

7º Le *T'ai Chou Wang, Toung*, dont l'anniversaire est le 27e jour du 3e mois. Dans son enfer *Je Nao* sont conduits « ceux qui ont nui au monde, qui ont composé des remèdes avec des os et des plantes, qui ont abandonné leurs plus proches parents ».

8º Le *Tou Ti Wang, Houang*, dont l'anniversaire est le 1er jour du 4e mois ; son enfer *Ta Yin Nao Ta ti* est celui de « tous les gens du monde qui ont manqué de piété filiale, qui ont chagriné, tourmenté leurs pères et mères, leurs grands-parents, des gens âgés et vénérables ».

9º Le *P'ing Teng Wang, Lu*, dont l'anniversaire est le 8 du 4e mois ; son enfer *Foung Tou Ti* reçoit « ceux qui ont nui dans le monde, ou commis un homicide, les incendiaires, les violateurs des lois légitimes qui, renvoyés à l'enfer initial, ont vidé leur cœur, se sont exercés à la mortification des pieds et des mains unis, ont brûlé du feu de la pénitence, puis apaisé leur cœur et leur foie réduits en cendres, qui après avoir subi leur peine, parviendront à ce dernier lieu de douleur, renaîtront à la vie ».

10º Le *Tchouan Louen Wang, Sié*, dont l'anniversaire est le 17 du 4e mois qui « préside aux différents esprits et âmes humaines qui ont été lâchés des diverses demeures infernales. Distinguant le bien et le mal, jugeant et fixant les rangs et classes, il envoie pour renaître dans les quatre grandes régions (qui distinguent) hommes et femmes, vie longue et mort prématurée, richesse et pauvreté, grandeur et bassesse [1] ».

_____

1. Harlez.

Derrière les salles qui composent les enfers formant 138 prisons, s'étend à gauche une mare de sang et de boue. Ce sont moins des enfers que des purgatoires ; lorsque les coupables reviennent au monde, on les conduit dans les montagnes chez la dame Meng, qui fit construire la Tour de l'Oubli, où elle leur verse un breuvage qui leur fait oublier tous les événements de leur vie antérieure.

Dans certains temples taoïstes, il y a des représentations de ces enfers, avec les terribles supplices infligés aux coupables. J'en ai visité un remarquable situé à quelque distance de Wou Tch'ang.

Taoïsme. — Pour les taoïstes, l'air *Ta louo t'ien* s'est divisé en trois ciels *San Ts'ing*, les Trois Purs : *Yu Ts'ing, Chang Ts'ing* et *T'ai Ts'ing* où habitent les trois personnages de la Trinité ou triade taoïste. Le premier ciel *Yu Ts'ing* est habité par la première personne de la triade, *Youen che t'ien tsouen* ou *Yu Houang*, désigné aussi sous le nom de *Chen Pao*, « Trésor du Ciel », sous les ordres duquel sont placés les Saints, *Cheng Jen* ; le second ciel *Chang Ts'ing* est habité par la seconde personne de la triade, *Tao Kiun* ou *Yu Tcheng Tao Kiun*, désigné aussi sous le nom de *Ling Pao t'ien tsouen*, qui règle les relations des deux principes primitifs, le *Yin* et le *Yang*, sous les ordres duquel sont placés les *Tchen Jen*, ou Héros ; enfin le troisième ciel, *T'ai Ts'ing*, est habité par la troisième personne de la triade qui n'est autre que *Lao Tseu* lui-même, *Lao Kiun* ou encore *Chen Pao*, auquel ressortissent les *Sien Jen*, génies ou immortels.

Les *Tao Che*, prêtres taoïstes, au second siècle de notre ère, sous l'empereur Han Ling Ti, ont inventé un système de Trois agents, *San K'ouan* : le Ciel, la Terre et l'Eau,

T'ien Ti Chouei, dont le premier donne le bonheur, le second pardonne les péchés, et le troisième délivre du malheur. A l'époque des premiers Wei, 407 ap. J.-C., Tao che keou kien-tche créa ou développa, sous le nom de *San Youen*, les Trois Principes, un nouveau système par lequel l'année était divisée en trois trimestres inégaux : le Patron Principe du premier, *Chang Youen t'ien kouan*, c'est-à-dire le Ciel Agent, fut honoré le 15 de la première lune ; le Patron Principe du second, *Tchoung Youen Ti kouan*, c'est-à-dire la Terre Agent, fut honoré le 15 de la 7e lune ; le Patron Principe du troisième, *Hia Youen Chouei kouan*, c'est-à-dire l'agent de l'Eau, fut honoré le 15 de la 10e lune. Pour simplifier ces deux systèmes on les réduisit au culte des *San Kouan*, c'est-à-dire trois Agents-Hommes, fils de Tcheng Tseu-chouen qui les engendra de son union avec les trois filles de Loung Wang, Dieu des Eaux ; ces trois fils représentèrent le Principe supérieur, le Principe moyen et le Principe inférieur qui remplissent le même rôle que le Ciel, la Terre et l'Eau et qu'on désignera comme le *T'ien kouan*, le *Ti kouan* et le *Chouei kouan*. Pour remplacer le système des *San Youen* un peu compliqué, les *Tao Che* ont substitué aux trois Patrons les grands Empereurs, Yao, Chouen et Yu.

Chez les Taoïstes, le Premier Principe, *Youen che t'ien tsouen*, est considéré comme une divinité ; il est la première personne de la trinité dont Tao Kiun et Lao Tseu sont les deux autres ; jadis il résidait au-dessus des trois cieux, à l'abri de toutes les vicissitudes qui bouleversent le monde. La véritable divinité taoïste est l'empereur de jadis, Yu Houang, dont le culte a été établi au XIe siècle.

Les étoiles et les planètes ont naturellement leurs divinités : le roi du Soleil est *Je-koung Tch'e-tsiang* ou *T'aï*

Yang Ti-kiun qui fut intendant des constructions de Hien Youen Houang Ti ; la reine de la Lune est *Yué-Fou Tch'ang-ngo* ou *T'aï Yin Houang kiun*. Les 28 constellations chinoises, *eul-che pa sieou*, sont réparties en quatre groupes renfermant chacun 7 constellations dont je ne crois pas utile de donner les noms aujourd'hui. Les cinq planètes sont : 1° *Kin Sing*, Vénus, l'étoile du matin ; 2° *Mou Sing*, qui correspondrait à Jupiter ; 3° *Chouei Sing*, Mercure ; 4° *Houo Sing*, Mars ; et 5° *T'ou Sing*, Saturne.

Deux étoiles ont une influence néfaste ; ce sont *Louo heou sing* et *Ki tou sing*, dont la présence amène des malheurs sur l'année entière ; je ne ferai que mentionner l'étoile Tse Wei dont l'esprit est Pe-yi-k'ao, fils aîné de Wen Wang ; les *Wou Teou*, les esprits des cinq directions *Wou Fang*, c'est-à-dire des quatre points cardinaux et du centre ; les titulaires des 115 palais stellaires ; les 36 étoiles *T'ien Kang* qui évoluent autour du palais du gond de la Grande Ourse habité par la déesse Teou Mou ; les 72 mauvaises étoiles *Tsi-eul-che Ticha* qui causent les maladies, les accidents, la mort, etc. Nous n'en finirions pas si nous voulions donner une simple liste des divinités stellaires.

Le tonnerre, *lei*, a son bureau, son ministère, *lei pou*, composé de 24 dignitaires dont cinq esprits principaux, *wou lei chen*, dont le président est Lei Tsou qui fut sous le nom de Wen Tchoung ministre du dernier empereur Chang ; il a trois yeux dont l'un est au milieu du front d'où jaillit un faisceau de lumière blanche ; l'esprit du tonnerre, Lei Koung, avec deux cornes, des ailes de chauve-souris, des jambes et des serres d'oiseau de proie, la main armée d'un marteau comme le Thor des Scandinaves ; la mère des éclairs, Tien Mou, représentée par une femme tenant dans ses mains deux miroirs projetant deux faisceaux lumineux ; Foung Pe est le Dieu des vents figuré « sous la figure d'un vieillard à barbe blanche ; sous son bras gauche il presse une poche à vent, de sa main droite il serre ou lâche à volonté la bouche de sa poche dirigée sur les nuages environnants ; l'air comprimé sort en jets continus et forme le vent » (Doré) ; enfin le Dieu de la Pluie, Yu Che, est figuré avec un arrosoir dont il déverse le contenu sur la terre.

Il y a un Ministère des Eaux, Chouei fou, à la tête duquel se trouvent les dragons des Quatre Mers et ceux des Quatre Fleuves (Kiang, Ho, Houai et Tsi). Non seulement ces grands cours d'eau ont leurs quatre esprits, *Se Tou Chen*, mais encore leurs esprits adjoints, sans compter les esprits du Lô, Mi fei ; du Han, Ho Kou, des lacs et des étangs.

Le Ministère du Feu *(Houo Pou)* a comme président un ancien tao che nommé Lou Siuen aidé par cinq esprits dont quatre stellaires qui représentent des officiers tués à la fin des Chang ; le Dieu souverain du feu est Tchou Young Ta Ti, le grand empereur Tchou Young assisté à gauche par Tchao Ming Ti, le grand empereur de la lumière, à droite par Houe Te sing kiun ou Lou Siuen.

Notons encore le Ministère des Épidémies, Wen Pou ; le Ministère du Temps à la tête duquel est placé Ts'ao souei, esprit céleste qui préside à l'année ; dans sa main droite il tient les *Koua* ; son culte remonte au XIe siècle ; le Ministère des Cinq Monts Sacrés, *Wou Yo*.

Le *T'ai Chan* est la plus célèbre des cinq montagnes considérées comme des divinités, « puissances naturistes, écrit Chavannes, qui agissent d'une manière consciente et qui peuvent, par conséquent, être rendues favorables par des sacrifices et touchées par des prières ». Ces cinq montagnes sont : le *Song Kao*, ou pic du Centre, le *T'ai chan*, ou pic de l'Est, le *Heng chan*, ou pic du Sud, le *Houa chan*, ou pic de l'Ouest, le *Heng chan*, ou pic du Nord. Le *T'ai chan*, qui n'a qu'une altitude de 1.545 mètres, est cependant la plus haute montagne de la Chine orientale ; elle est au Nord de la ville de T'ai ngan fou, dans la province de Chan toung. Le T'ai chan étant le pic de l'Est « préside en cette qualité, à l'Orient, c'est-à-dire à l'origine de toute vie. De même que le soleil, ainsi toute existence commence du côté de l'Est... en même temps qu'il porte dans son flanc toutes les existences futures, il est, par une conséquence assez logique, le réceptacle où se rendent les vies qui ont pris fin... il suscite les naissances et recueille les morts » (Chavannes). C'est au sommet et au pied de cette montagne que s'adressaient suivant la tradition depuis la plus haute antiquité les sacrifices *foung* et *chan* au Ciel et à la Terre ; en réalité ces sacrifices remontent à l'année 110 avant J.-C. ; le culte de cette montagne est un des plus répandus de la Chine. Dans toutes les villes de quelque importance, on trouve un temple du T'ai chan qui est appelé, soit temple du pic de l'Est *(toung yo miao)*, soit temple de Celui qui égale le Ciel *(t'ien ts'i miao)*, soit enfin « palais du voyage du T'ai chan *(T'ai chan hing Kong)* ».

Puis vient le *K'iu sié youen*, inventé par les Tao Che ; il a pour objet l'expulsion des mauvais esprits.

La Médecine a son bureau céleste, *T'ien yi youen*, et ses temples *Yo Wang Miao* qui renferment les trois ancêtres divins de la médecine, les empereurs Fou Hi, Chen Noung et Houang Ti, mais le dieu actuel Yo Wang est *Souen Se Miao* ; plusieurs autres divinités sont également vénérées comme rois des remèdes, ainsi que les *Che Ming yi*, les dix médecins célèbres, assesseurs du Dieu, rangés sur deux lignes devant l'autel principal, cinq à droite et cinq à gauche.

D'autres personnages, *Houa t'ouo*, représente la chirurgie ;
Yen kouang P'ou sah est la déesse de la lumière oculaire ;
Ts'ouei Cheng niang niang est la matrone qui hâte l'accou-
chement ; *Ko Kou* est une sage-femme ; *Teou Chen* est la
spécialiste pour la variole et *Pan Chen* le spécialiste pour
la petite vérole noire ; *Tchen chen* opère contre la rougeole,
Cha Chen, contre la scarlatine.

Les patrons sont légion : Patronne des Navigateurs,
T'ien fei ; Protecteurs des Navigateurs, *Ngan Koung* ;
Protecteur des Fleuves, *Siao Koung* ; Protecteur contre les
sauterelles, *Lieou moung tsiang kiun* ; Protecteur des Por-
cheries, *Tchou Kiouen chen* ; Patron des Commerçants,
Houo ho eul sien, sans compter les Dieux des bouchers,
Fan K'ouei et *Tchang Fei*, des orfèvres, la déesse des tisse-
rands, *Tche Niu*, le patron des menuisiers, *Lou pan*, des
marchands de bougies, des pêcheurs, des marchands d'encens, des marchands de vin, des marchands de lunettes,
des vanniers, des pharmaciens, des meuniers, des tailleurs,
des joailliers, etc.

On voit souvent sur les portes des maisons comme sur
celles des temples deux figures grimaçantes, la tête ornée
d'un casque, le corps couvert par une cuirasse, ce sont les
Men Chen, les esprits des portes qui en défendent l'entrée
aux mauvais esprits ; ils représentent deux généraux de
l'époque des T'ang, qui au VIIe siècle délivrèrent le grand
empereur, T'aï Tsoung, des démons qui l'obsédaient dans
son sommeil. Antérieurement à ces *Men Chen*, l'empereur
Houang Ti avait déjà confié la garde des portes à deux
autres génies, les frères *Tou* et *Yu Liu*.

Le *Foung Chouei* traduit littéralement *vent* et *eau* est
une superstition générale en Chine qui a pour base des
notions d'astrologie puisées dans les ouvrages du philosophe

Tchou Hi ; elle sert de guide au Chinois dans les actes de sa vie. L'esprit du Foung Chouei doit pouvoir circuler librement, aussi fut-il le principal obstacle à l'établissement des chemins de fer et à l'installation des lignes télégraphiques aériennes. Il est une grande ressource pour les sorciers que l'on vient consulter.

CHRISTIANISME. — Outre les trois religions officielles, il faut compter les religions étrangères. Le Christianisme en Chine pénétra sous forme nestorienne et l'on possède encore à Si Ngan-fou (Tch'ang Ngan) une stèle élevée en 781 commémorative de l'entrée de la religion chrétienne en 635 avec Olopen. Sous les Mogols, il y eut à Khanbaliq (Pe King) un archevêché créé par Rome en faveur de Jean de Monte Corvino, et un évêché à Zaitoun (Ts'iouen Tcheou) ; ces chrétientés disparurent avec les Mongols. Saint François Xavier mourut en 1552 au seuil de la Chine dont les missions dans les temps modernes ont eu pour véritable fondateur le célèbre jésuite de Macerata, Matteo Ricci, mort à Pe King, en 1610.

L'arrivée (1633) du Dominicain Moralez et du Franciscain Santa Maria marque le début de la fameuse querelle entre les Jésuites et les autres ordres religieux connus sous le nom de question des Rites chinois : les nouveaux venus considérant le culte rendu aux Morts et à Confucius toléré par les Jésuites comme idolâtrique. La question fut définitivement réglée par la bulle de Benoît XIV, *Ex quo singulari* (11 juillet 1742) qui donnait tort aux Jésuites.

L'arrivée à Pe King de cinq jésuites français envoyés en 1685 par Louis XIV : Jean de Fontaney, Joachim Bouvet, Louis Le Comte, Jean-François Gerbillon et Claude de Visdelou, marque le commencement de la célèbre mission française dans la capitale de la Chine qui dura jusqu'à la suppression de la Compagnie de Jésus dont la nouvelle parvint à Pe King en septembre 1774. Les Jésuites ne rentrèrent en Chine qu'en 1842.

Le tableau suivant fait voir l'énorme développement des Missions catholiques sur toute la surface de l'Empire du Milieu :

Les Missions catholiques sont divisées (1918) en cinq régions :

Première région : vicariats apostoliques de Tche Li Nord, Ouest, Est, Central, Sud, aux Lazaristes ; Tche Li S.-E., aux Jésuites ; Ho Nan N., aux Missions étrangères de Milan ; Mandchourie S. et N., aux Missions étrangères de Paris ; Mongolie E., Cent. et O., Missions belges de Scheut.

Deuxième région : Ili (Sin Kiang), Kan Sou N. et S., aux Missions de Scheut ; Chen Si N. et Cent., aux Franciscains ; Chen Si S., aux Missions étrangères de Rome ; Chan Si N. et S., aux Franciscains ; Chan Toung N. et E., aux Franciscains ; Chan Toung S., aux Missions allemandes de Steyl.

Troisième région : Ho Nan O., aux Missions étrangères de Parme ; Ho Nan E. et S., aux Missions étrangères de Milan ; Hou Pe E., N.-O. et S.-O., aux Franciscains ; Hou Nan N., aux Augustiniens ; Hou Nan S., aux Franciscains ; Kiang Si N.-E. et S., Tche Kiang E. et O., aux Lazaristes ; Kiang Nan, aux Jésuites.

Quatrième région : Kouei Tcheou, Se Tch'ouan N.-O., E. et S., Kien Tch'ang, Yun Nan, Tibet, aux Missions étrangères de Paris.

Cinquième région : Fou Tcheou, Amoy, aux Dominicains espagnols ; Hong Kong, aux Missions étrangères de

Milan ; Kouang Toung, Swatow, Kouang Si, aux Missions étrangères de Paris ; Diocèse de Macao.

En tout : 1 Diocèse de Macao ; 47 vicariats apostoliques ; 1 préfecture apostolique (Kan Sou N.) ; Mission d'Ili, avec 51 évêques, 1.401 prêtres européens ; 906 prêtres indigènes (2.361 prêtres) pour 1.956.205 chrétiens.

MISSIONS PROTESTANTES. — Les premières missions protestantes parmi les Chinois furent créées au Bengale par Marshman et Carey, mais ce fut Robert Morrison, de la London Missionary Society, qui les établit en Chine en 1807 à Canton ; il mourut dans cette ville le 1er août 1832. Un grand nombre de sociétés anglaises comme la Church of England Missionary Society, la China Inland Mission, etc., américaines, suédoises, etc. ont suivi l'exemple de la London Missionary Society.

MISSION RUSSE. — A la suite du premier siège d'Albasine (1684), 31 habitants de cette ville furent transférés à Pe King avec le pope Maxime Leontiev. En 1715, l'archidiacre Hilarion Lejaiskii arriva dans la capitale pour assurer le culte orthodoxe : ce fut l'origine de la mission ecclésiastique russe dont l'existence fut reconnue par le traité de 1727 négocié par Vladislavitch. Le chef de cette mission est l'aumônier de la légation de Russie dans la capitale.

JUDAÏSME. — Une colonie juive existe à K'ai Foung, capitale du Ho Nan où elle a une synagogue.

Les Juifs semblent avoir été mentionnés pour la première fois dans le *Youen Che*, en 1329, sous le nom de *Tchou hou* ; ils appellent leur religion *Tiao Kin Kiao*, « la religion qui extirpe les nerfs ».

Au commencement du XVIIe siècle, Matteo Ricci reçut à Pe King la visite d'un jeune Juif qui lui déclara qu'il n'adorait qu'un seul Dieu, prit à la mission des jésuites l'image de la Vierge avec l'Enfant Jésus pour celle de Rébecca avec Esaü ou Jacob, dit qu'il venait de K'aï Foung fou, dans la province du Ho Nan, où séjournaient dix ou douze familles de sa religion, ayant leur synagogue, dans laquelle étaient renfermés des livres écrits dans une langue semblable à celle d'une Bible que lui montra Ricci : c'était de l'hébreu. Ricci, retenu à Pe King par l'âge et les besoins de sa mission, ne put se rendre à K'aï Foung, mais il y envoya à sa place un Jésuite chinois ; dans le manuscrit du Pentateuque en possession de la colonie juive toutes les sections furent trouvées, après l'examen du commencement et de la fin « parfaitement conformes à la Bible hébraïque de Plantin, excepté qu'il n'y avait pas de points voyelles dans l'exemplaire chinois ».

Suivant leur tradition ces Juifs arrivèrent en Chine par la Perse, après la prise de Jérusalem par Titus, au Ier siècle de notre ère, sous la dynastie des Han et sous l'empereur Ming Ti. Toutefois, il semblerait d'après une inscription de 1489 conservée dans leur synagogue ou *Li pai seu*, qu'ils seraient arrivés par mer à la Cour des Soung, alors à Lin Ngan ou Hang Tcheou.

Islam. — Pendant longtemps, l'inscription de la mosquée de Canton A. H. 751 (sept. 1350) était considérée comme la plus ancienne de la Chine. En 758, une colonie nombreuse de mahométans établis à Canton se révolta ; ces rebelles, peut-être des pirates, mirent à sac et brûlèrent la ville, et massacrèrent 5.000 négociants étrangers : la grande mosquée du Saint-Souvenir, *Houei Cheng Seu*, bâtie sous la dynastie des T'ang, fut détruite par le feu en 1343 et reconstruite en 1349-51 ; seules les ruines · d'une tour marquent l'emplacement de la première construction. A la fin du IXᵉ siècle, les Musulmans transférèrent leur principal comptoir dans l'Extrême-Orient dans la presqu'île de Malacca, à Kalah, qui hérita de l'importance commerciale de Ceylan. Nous avons la relation du voyage accompli en Chine au IXᵉ siècle par le marchand Soleyman et le récit d'Abou Zeyd.

L'inscription de la mosquée de Ts'iouen Tcheou dans le Fou Kien est la plus connue en Chine (1310-1311). Cette inscription marque que la mosquée a été construite l'année 400 de l'hégire du Prophète (1009-1010) et qu'elle fut remise en état, à la date de l'année 710 de l'hégire (1310-1311) par « Ahmad, fils de Muhammad, originaire de Jérusalem, surnommé le pélerin Ruku (al-dîn) de Chiraz ». Mais actuellement le plus ancien document arabe trouvé en Chine a été découvert au Japon où il avait été envoyé de Ts'iouen Tcheou en 1217 par un bonze japonais.

· Pendant la période mongole les colonies musulmanes furent nombreuses sur la côte de Chine au témoignage du voyageur maghrébin, Ibn Batouta (XIVᵉ siècle). Le géographe arabe Aboulfeda mentionne (XIVᵉ siècle) les villes suivantes de la Chine *(Sîn)* : Khanfou (Hang Tcheou), Khândjou, Yandjou (Yang Tcheou), Zaitoun (Ts'iouen Tcheou), Khânqou, Sila (la Corée), Khâdjou, Sandkjou (Sou Tcheou) ; il connaît le lac Sikhou *(Si Hou)* de Hang Tcheou. Ibn Batouta remarque que dans toutes les villes de Chine il y a toujours un *Cheikh ul islam* et un *cadi* pour faire fonction de juges parmi les musulmans. Les Arabes appelaient l'Empereur chinois *Faghfour*, altération du persan *Baghpour* (Fils de Dieu) équivalent de *T'ien Tseu*, « Fils du

Ciel » ; la Chine était le *Chin* ou le *Maha Tchin*, parfois le *Toung i'ou*, « Terre d'Orient ».

Quel peut être le chiffre de la population musulmane en Chine ? Il n'existe aucune statistique, même approximative, du nombre des Musulmans en Chine. Suivant Dabry, il y a en Chine entre 20 et 22 millions de Musulmans dont 8.350.000 dans le Kan Sou, 6.500.000 dans le Chen Si, 3.500.000 à 4.000.000 dans le Yun Nan. Seyyid Suleiman, fonctionnaire musulman du Yun Nan, déclarait au Caire en 1894 que la Chine renfermait 70.000.000 de ses coreligionnaires ; Sara Chandra Das ramène ce chiffre à 50.000.000 et A. H. Keane à 30.000.000. A. Happer l'abaisse à 3.000.000, ce qui est certainement un chiffre trop faible quoiqu'il se rapproche de celui de 3 à 4.000.000 donné par Palladius, savant exact. M. Broomhall me paraît plus raisonnable en estimant la population musulmane de la Chine entre 5 et 10 millions.

Gouvernement. — L'Empereur. — Sous l'ancien régime, le gouvernement était autocratique, dirigé par l'empereur, qui était désigné par le titre de *Houang Ti* ; son pouvoir était absolu ; on lui donnait encore les appellations de *Houang Chang, Wan Souei, T'ien Tseu* (Fils du Ciel), *T'ien Wang*, qui correspond au *Tenno* des Japonais. L'impératrice est appelée *Houang Heou*, ou *Tchoung Koung* ; quand il y a deux impératrices, ce qui fut le cas avec Ts'eu Ngan et Ts'eu Hi, on les distingue en impératrice de l'Est *(Toung Koung)* et en impératrice de l'Ouest *(Si Koung)* ; on la nomme aussi Mère de l'Empire, *Kouo Mou, T'ien Hia Mou*. Allégoriquement l'empereur est le dragon *(loung)* et l'impératrice le phénix *(foung houang)*, et le mariage impérial est l'union du Dragon et du Phénix. L'empereur père, c'est-à-dire qui survit quand son fils est empereur, ce qui fut le cas de K'ien Loung, père et prédécesseur de Kia K'ing, est le *T'ai chang Houang Ti*.

Le souverain porte trois noms : 1° son nom personnel, son petit nom ; 2° son nom de règne *(nien hao)* ; 3° son nom dynastique ou de temple, nom posthume *(miao hao)*. Par exemple, le prince célèbre que nous appelons K'ang Hi, portait le petit nom de *Hiouen Ye* (Étincelle bleue) ; il prit en montant sur le trône le *nien hao* de K'ang Hi et reçut le nom posthume de *Cheng Tsou* (Saint Aïeul). Ces noms posthumes se retrouvent dans les différentes dynasties : on a plusieurs *T'ai Tsou* (Grand Aïeul), *T'ai Tsoung, Che Tsou, Cheng Tsou, Che Tsoung, Kao Tsoung*, et on les distingue en faisant précéder leur nom de celui de la dynastie. Ainsi Houng Wou, le fondateur de la dynastie des Ming, est désigné sous le nom de *Ming T'ai Tsou*, ce qui le distingue de Gengis Khan qui est *Youen T'ai Tsou*, de Kai Pao qui est *Soung T'ai Tsou*, etc. En fait, le *nien-hao* est plutôt une période qu'un nom, car si les empereurs de la dynastie actuelle et de la dynastie précédente (Ming) n'ont eu qu'un *nien hao*, quelques-uns de leurs prédécesseurs en ont jusqu'à huit sous les Soung. Ainsi donc il serait plus exact, pour désigner un règne, de dire « la période » K'ang Hi que « l'empereur Kang Hi ». Au XVIIIe siècle, l'empereur K'ien Loung avait décidé que les générations de ses descendants seraient distinguées successivement par les caractères *Young, Mien, Yi* et *Tsai*; en 1826, l'empereur Tao Kouang choisit quatre autres caractères pour les générations suivantes : *P'ou, Yü, Heng* et *K'i* ; enfin l'empereur Hien Foung (9 juin 1854) ajouta à la liste les quatre caractères, *Tao, K'ai, Tseng* et *K'i*. Le dernier empereur mandchou était P'ou Yi, fils de Tsai Foung (prince Tch'oun), né le 11 février 1906, qui a remplacé sur le trône son oncle Kouang Siu, le 14 novembre 1908, sous le nom de Siouen T'oung.

Dans les temps anciens, l'Empereur portait une couronne à douze rangs de perles ; de nos jours, il portait un bonnet de cour. Deux fois par an, en été et en automne, on change le chapeau officiel.

Les concubines de l'Empereur sont de cinq classes : *Houang Kouei fei, Kouei fei, Fei, Pin, Kouei Jen* ; le harem impérial est desservi par des servantes *Koung Niu* et par des eunuques, *T'ai Kien*, dont le chef est le *Tsoung Kouan T'ai Kien.*

Le prince héritier du trône est le *Houang T'aï tseu* ; les princes sont répartis en quatre classes : *Ts'in Wang, Kiun Wang, Pei-lé* et *Pei tseu* ; puis viennent les Ducs, *koung*, de quatre classes. En dehors de ces princes de la famille impériale, il y a huit chefs de familles princières : les princes de Li, de Joui, de Yu, de Sou, de Tcheng, de Tchouang, de Choun Tch'eng, de K'e K'in qui descendent de T'ai Tsou et de T'ai Tsoung, fondateurs de la dynastie ; il y a un neuvième prince, le prince de Yi, qui descend du treizième fils de l'empereur K'ang Hi.

Les affaires de la famille impériale étaient administrées par le *Tsoung Jen fou*, Cour suprême des affaires de la famille impériale dont le Président est le *Tsoung Ling*, le Vice-Président, le *Tsoung Tch'eng* et l'assistant le *Tsoung Tch'eng*. Au *Nei wou fou* appartient de diriger le service domestique de l'Empereur dont le chef est le *Nei wou fou Tsoung kouan ta tch'en* ; la garde du corps de l'Empereur, *Che wei*, a à sa tête un général, *Ling Che wei Nei ta tch'en.*

ADMINISTRATION MÉTROPOLITAINE. — L'administration centrale comprenait : 1º le *Kioun Ki tch'ou*, Grand Conseil ou Conseil d'État, « Cour Suprême des Secrets de l'Empereur », créée par Young Tcheng en avril 1732 pour remplacer les dignitaires mandchoux, *Yi tcheng ta tch'en*, « conseillers d'État », qu'on consultait sur les affaires importantes ; le nouveau conseil était composé en nombre indéterminé de *Kioun Ki ta tch'en*, choisis parmi les présidents et vice-présidents des ministères et autres hauts fonctionnaires ; tous les matins, à 4 heures, ils se rendaient à tour de rôle à leur Cour située dans la Ville Impériale prohibée, *Tseu ki tch'eng*, à l'ouest du *Pao houo tien*, pour s'occuper des affaires de l'Empire et recevoir les ordres de l'Empereur. Ce conseil n'employait pas moins de soixante secrétaires, *Tchang King* ou *Siao Koun Ki*.

2° Le *Nei Ko*, Grand Secrétariat ou Chancellerie impériale, « Salle intérieure », qui comprenait quatre Grands Secrétaires, *Ta Hio Che* ou *Tchoung T'ang*, dont deux mandchoux et deux chinois ; on les distingue d'après un des palais, *tien*, ou une salle du trône, *ko*, qui sont : le *Pao houo tien*, « le Palais de la Conservation de la Paix » ; le *Wen houa tien*, « le Palais de la Littérature florissante » ; le *Wou ying tien*, « le Palais de l'Excellente milice » ; le *Wen youen ko*, « la Salle de la Science profonde » ; le *T'i Jen ko*, « la salle de la Bienfaisance » ; et le *Toung ko*, « la salle orientale ». Sous les Ming, ces *Tchoung T'ang* étaient appelés *Ko lao* ; au-dessous venaient les Assistants Grands Secrétaires, *Hiep pan Ta Hio che*.

3° *Liou Pou*, les Six Ministères ou Tribunaux suprêmes, créés en 1373 par l'Empereur Houng Wou au lieu des quatre Ministères des Mongols (Youen), finances, rites, justice et guerre ; les ministères qui avaient à leur tête deux Présidents, *Chang Chou*, l'un mandchou, l'autre chinois, étaient : le *Li Pou*, Ministère des Offices civils ; le *Hou*

Pou, Ministère des Finances, chargé de l'impôt, du recensement de la population, du cadastre, etc. ; le *Li Pou*, Ministère des Rites ou des Cérémonies, auquel il faut ajouter le *Yo Pou*, bureau de la musique officielle qui en est une dépendance ; le *Ping Pou*, Ministère de la Guerre, chargé également de la Marine ; le *Hing Pou*, Ministère de la Justice, ou des Châtiments ; enfin le *Koung Pou*, Ministère des Travaux Publics. A ces ministères il fallait ajouter le *Li Fan Youen*, Bureau des Pays vassaux, ou Bureau colonial, qui avait dans ses attributions non seulement les affaires de Mongolie et du Tibet, mais aussi celles de Russie. Après la guerre de 1860, dans le but de traiter d'affaires avec les nations étrangères, on créa le 20 janvier 1861, avec le Prince Koung, Kouei, Grand Chancelier du Conseil Privé, et Wen, Vice-Président du Ministère des Finances, le *Tsoung li Ko kouo Che Wou Yamen*, ou plus simplement le *Tsoung-li Yamen* ; à la suite des événements de 1900, il a été transformé le 24 juillet 1901, en *Wai Wou pou*, et a préséance sur les six autres ministères. Le même jour que le *Tsoung-li Yamen* étaient créés les postes de Surintendant du commerce des Trois Ports du Nord et des Cinq Ports du Sud.

Depuis 1900, de grands changements ont été opérés dans l'administration ; des ministères ont été transformés, d'autres ont été créés.

Ces Ministères comprenaient outre le *Wai Wou Pou*, le *Li Pou*, Ministère des Offices civils, le *Min Tcheng Pou*, Ministère de l'Intérieur, créé en 1906, le *Tou Tchi Pou*, ancien *Hou Pou*, Ministère des Finances, le *Hio Pou*, Ministère de l'Éducation ou de l'Instruction publique, créé en 1903 ; le *Fa Pou*, Ministère de la Justice ; le *Lou Kioun Pou*, Ministère de la Guerre, créé en 1907 ; le *Haï*

Kioun Pou, Ministère de la Marine ; le *Noung Koung chang Pou*, Ministère de l'Agriculture, des Travaux et du Commerce, créé en 1903 ; le *Yu tch'ouan Pou*, Ministère des Postes et des Communications, comprenant la navigation à vapeur, les postes et les télégraphes, créé en 1906 ; le *Li Pou*, remplacé par le *Tien li Youen*, Ministère des Rites ; le *Li Fan Pou*, transformation du *Li Fan Youen* ; le *Sioun King Pou*, Ministère de la Sûreté publique ; les Ministères n'ont plus qu'un Président et deux Vice-Présidents.

Théoriquement l'administration chinoise devrait être honnête, car elle est contrôlée par une Cour des Censeurs *Tou Tch'a youen*, qui comprenait deux Présidents, l'un mandchou, l'autre chinois, 4 vice-présidents, 24 officiers, mandchoux et chinois, distribués en six « Cours partielles » et 38 censeurs *Che wou tao kien tch'a Yu che* répartis dans quinze « Cours provinciales ».

Ces fonctionnaires de divers rangs sont légion ; les étrangers ont l'habitude de les désigner sous le nom de *mandarin*, ignoré des Chinois, qui vient de l'espagnol *mandar*, commander. Leur véritable nom est *kouan* ; il y a neuf degrés de fonctionnaires qui se distinguent par la couleur de la boule ou bouton porté sur le chapeau officiel ; en commençant par le rang le plus élevé : pierre rouge transparente ou rubis, corail, saphir, lapis-lazuli, cristal, pierre de lune, or uni, or ciselé, argent ; par la broderie pectorale (celle des fonctionnaires civils représente un oiseau : grue, faisan doré, faisan, oie sauvage, faisan argenté, héron, canard mandarin, caille, geai à longue queue ; celle des fonctionnaires militaires représente un mammifère : licorne, lion, léopard, tigre, ours noir, chat-tigre, ours tacheté, phoque, rhinocéros) ; et enfin par la boucle de la ceinture (jade et rubis, or et rubis, or ciselé, or ciselé avec bouton d'argent, or uni et bouton d'argent, nacre, argent, corne, corne de buffle). Les fonctionnaires jusqu'au grade de *tao t'aï* inclusivement sont appelés *Ta Jen* (grand homme), ce qui correspond à Excellence ; de *Tche fou* à *Tche hien, Ta Lao ye* (grand vieux père), très honoré ; les autres *Lao ye* (vieux père), honoré.

Le recrutement des fonctionnaires civils se faisait dans la classe des lettrés ; ceux-ci pouvaient passer les trois degrés d'examen : *sieou ts'ai* (bachelier), dans les villes préfectorales ; de *ku jen* (licencié), dans la capitale de la province ; de *tsin che* (docteur), seulement dans un concours triennal à Pé King ; les premiers de ces candidats portent les titres de *Tchouang Youen, T'ouan houa, Pang Yen, Tch'ouan lou* ; les plus heureux deviennent *Han Lin* (académiciens), c'est-à-dire membres du *Han Lin Youen* (Collège des Académiciens), présidé par le *Tchang Youen hio che*.

Diverses sortes de distinctions sont accordées pour les services publics : la principale est le *ling tche* (plume), dont il y a trois grades correspondant à des degrés de distinction : la plume de paon à trois yeux *(San Yen Houa Ling)*, à deux yeux *(Chouang Yen Houa Ling)*, à un œil *(Tan Yen Houa Ling)*, enfin la plume de corbeau ou plume bleue *(Lan Ling* ou *Lao Koua Ling)* ; la principale distinction pour les militaires est le *Hing koua* ou *Houang Ma Koua* (jaquette jaune).

Il y a neuf degrés de noblesse héréditaire : *Koung, Heou, Pe, Tseu, Nan, K'ing Tch'e Tou Yu, K'i Tou Yu, Yun K'i Yu, Ngan K'i Yu* ; on traduit parfois en Europe les premiers titres par Duc, Marquis, Comte, Vicomte, Baron. Le descendant de Confucius porte le premier titre de noblesse ; cette noblesse peut être personnelle, peut ne durer qu'une ou deux générations ; peut être au contraire ascendante, c'est-à-dire que l'on anoblit un certain nombre d'ancêtres directs du fonctionnaire qui mérite des honneurs.

Cette administration est aujourd'hui profondément modifiée : Le *Kioun Ki tch'ou*, le *Nei ko* et le *Tcheng Wou tch'ou*, composé de membres et des Présidents des Ministères, ont été supprimés par un décret du 8 mai 1911 et ont été remplacés par un Cabinet et un Conseil Privé ; les Présidents des Ministères prenaient le titre de Ministres. Le Cabinet *(Kouo Wou Youen)* comprend un Premier Ministre responsable *(Kouo Wou Tsoung Li)* et les neuf Ministères *(Pou)* des Affaires étrangères *(Wai Kiao)*, de l'Intérieur *(Nei Wou)*, des Finances *(Ts'ai Tcheng)*, de la Guerre *(Lou Kiun)*, de la Marine *(Hai Kiun)*, de la Justice *(Se Fa)*, de l'Éducation *(Kiao Yu)*, de l'Agriculture et du Commerce *(Noung Chang)*, et des Communications *(Kiao T'oung)*. Chaque ministère a un Ministre *(Tsoung Tchang)*, un ou plusieurs Vice-Ministres *(Ts'e Tchang)*, des Conseillers *(Ts'an Che')* au nombre de quatre ou de trois, puis des Directeurs des Départements *(Se Tchang)*. Les Ministres sont choisis par le Président dont les choix doivent être approuvés par l'Assemblée Nationale.

Une loi du 3 octobre 1914 a institué une Cour des Comptes *(Chen Ki Youen)* qui doit contrôler les dépenses de l'administration.

A la tête de l'Empire, transformé en République, est placé un Président élu suivant la loi du 5 octobre 1913 ; il doit être Chinois, âgé de plus de 40 ans et avoir vécu dans le pays plus de dix ans ; il est élu pour cinq ans (rééligible) par les deux Chambres de l'Assemblée Nationale réunie en Congrès. Il est le pouvoir exécutif, Commandant en chef de l'Armée et de la Marine, nomme tous les fonctionnaires ; toutefois, pour les Ambassadeurs et les Ministres, la sanction de l'Assemblée Nationale est nécessaire. Il a un droit de *veto* qui peut être annulé par le vote des deux tiers de l'Assemblée. La Présidence *(Ta Tsoung T'oung)* est accompagnée d'une Vice-Présidence *(Fou Tsoung T'oung)*.

L'Assemblée Nationale comprend, suivant la loi du 11 août 1912, un Sénat *(Ts'an Yi Youen)* qui représente principalement les provinces avec des membres pour la Mongolie, le Tibet, etc. et délégués des Chinois résidant à l'étranger et une Chambre des Représentants *(Tchoung Yi Youen)* nommés par les provinces suivant leur population à raison d'un par 800.000 habitants. Ces derniers sont nommés pour trois ans ; les sénateurs pour six ans, renouvelables par tiers tous les deux ans.

ADMINISTRATION PROVINCIALE. — Suivant les époques, les divisions territoriales de la Chine ont grandement varié en nombre, et les capitales ont été fréquemment déplacées. Sous les Hia, il y avait neuf provinces ou *Tcheou*. L'empereur Ts'in Che Houang-Ti divisa la Chine en 36 provinces ou *Kiun* avec Hien Yang, comme capitale. Sous les Han, il y eut 103 principautés, 241 marquisats, 32 *tao* ou provinces et 1.314 *hien* ou districts ; sous les T'ang, il y eut dix *tao* ou provinces ; il y eut douze *cheng* sous les Mongols. Les Ming divisèrent la Chine en quinze provinces et la capitale d'abord à Nan King (Kiang Ning) fut sous Young Lo transférée à Pe King. Sous les Mandchoux on dédoubla la province de Kiang Nan en Ngan Houei et en Kiang Sou ; celle du Hou Kouang forma le Hou Pe et le Hou Nan, et on créa la province de Kan Sou, aux dépens du Chen Si.

La Chine *proprement dite* se divise, depuis la période K'ien Loung (XVIIIe siècle), en dix-huit provinces, *chêng*, à savoir : au Nord : 1. Tche Li, capitale Pao Ting ; 2. Chan Toung, cap. Tsi Nan ; 3. Chan Si, cap. T'aï Youen ; 4. Ho Nan, cap. K'aï Foung ; à l'Est : 5. Kiang Sou, cap. Sou Tcheou ; 6. Ngan Houei, cap. Ngan King ; 7. Kiang Si, cap. Nan Tch'ang ; 8. Tche Kiang, cap. Hang Tcheou ; 9. Fou Kien, cap. Fou Tcheou ; au Centre : 10. Hou Pé, cap. Wou Tch'ang ; 11. Hou Nan, cap. Tch'ang Cha ; au Sud : 12. Kouang Toung, cap. Kouang Tcheou ; 13. Kouang Si, cap. Kouei Lin ; 14. Yun Nan, cap. Yun Nan ; 15. Kouei Tcheou, cap. Kouei Yang ; à l'Ouest : 16. Chen Si, cap. Si Ngan ; 17. Kan Sou, cap. Lan Tcheou ; 18. Se Tch'ouan, cap. Tch'eng Tou.

Le gouvernement des provinces était confié à des *Tsoung Tou*, vice-roi, gouverneur général, et à des *Fou t'aï*, gouverneur. On comptait huit *Tsoung Tou*, placés à la tête des provinces suivantes : 1º le *Tsoung Tou* du Tche Li ; 2º le *Liang* (deux) *Kiang Tsoung Tou* pour le Kiang Sou, le Ngan Houei et le Kiang Si ; 3º le *Min Tche Tsoung Tou* pour le Fou Kien et le Tche Kiang ; 4º le *Liang Hou Tsoung Tou* pour le Hou Pe et le Hou Nan ; 5º le *Liang Kouang Tsoung Tou* pour le Kouang Toung et le Kouang Si ; 6º le *Yun Kouei Tsoung Tou* pour le Yun Nan et le Kouei Tcheou ; 7º le *Chen Kan Tsoung Tou* pour le Chen Si et le Kan Sou ; 8º le *Tsoung Tou* du Se Tch'ouan.

Sauf le Tche Li, le Kan Sou et le Se Tch'ouan, il y avait un *Fou t'aï* dans chaque province ; il y avait donc 15 *Fou t'aï* dans la Chine proprement dite. Les *Fou t'aï*, à l'exception de ceux du Chan Toung, du Chan Si et du Ho Nan à peu près indépendants, étaient sous les ordres des *Tsoung Tou*.

Au-dessous des *Fou t'aï* venaient les *Tao t'aï* (intendants), dont le nombre variait suivant les provinces. Les provinces étant divisées en *fou, t'ing, tcheou* et *hien*, chacune de ces divisions territoriales était administrée par un *Tche fou*, un *T'oung tche*, un *Tche tcheou* ou un *Tche hien* (du mot *tche*, savoir, celui qui connaît) ; le *Tche fou* reçoit les rapports des autres officiers pour les faire parvenir au gouvernement provincial ou plutôt au *Tao t'aï*.

Cependant les administrateurs de quelques *ting* et *tcheou* étaient indépendants, c'est-à-dire qu'ils ne dépendaient pas d'un *tche fou*, mais qu'ils relevaient directement d'un *tao t'aï* ou du gouverneur provincial. On fait précéder les noms de leurs titres par les mots *Tche Li* (qui indiquent qu'ils en sont pas subordonnés à un *tche fou*) ; ces officiers indépendants sont par conséquent appelés *Tche-li T'oung-tche* et *Tche-li Tche-tcheou*.

Puis venaient, au-dessous du *T'oung tche* : le *T'oung p'an* ; du *Tche tcheou* : le *Tcheou t'oung* et le *Tcheou p'an* ; du *Tche hien* : le *Hien tch'eng*, etc.

De même qu'il y avait des *Tche-li T'oung-tche* et des *Tche-li Tche-tcheou*, il y avait des *Tche-li T'oung p'an*, des *Tche-li Tcheou-t'oung* et des *Tche-li Tcheou-p'an*, officiers indépendants des *T'oung tche* et des *Tche-tcheou*.

Lors de la fondation de la République, les *Tsoung tou* furent remplacés par des *tou tou*, à raison d'un par province ; en 1913, les gouverneurs civils résidant dans la capitale de la province furent désignés comme des *Siun ngan se* et les chefs militaires comme *tsiang kiun* demeurant dans une autre ville. Par un décret du 6 juillet 1916, le gouverneur civil porte le titre de *Cheng Tchang* ; il est nommé directement par le Président de la République et il est chargé d'une seule province divisée en un certain nombre de *tao* à la tête desquels sont placés des *Tao Yin* qui ont sous eux les *Hien Tche che* dirigeant les districts *hien*.

CAPITALES. — Les Soung eurent pour capitales Pien Liang (960) (K'ai Foung), puis Lin Ngan (1129) (Hang Tcheou) ; les T'ang résidèrent à Tch'ang Ngan (Si Ngan), puis à Lo Yang ; d'autres villes comme Pou Tcheou (Tchang Te, au Ho Nan) sous les Wei, Wou Tch'ang (au Hou Pe) sous les Wou, Hien Yang (Si Ngan) sous les Ts'in au IVe s. av. J.-C. furent aussi capitales de la Chine. La ville moderne de Pe King, capitale actuelle, était désignée par les Chinois à l'époque de la dynastie mandchoue sous le nom de *King Tch'eng* ou de *King Tou* (la capitale). Pe King qui veut dire « Cour du Nord » est la désignation qui fut donnée à cette ville lorsqu'on y transféra au commencement du XVe siècle, sous Young Lo, le siège de l'Empire de Kiang Ning, Nan King, la « Cour du Sud », qui avait remplacé la capitale mongole, Khan Baliq. Ces désignations de Cour du Nord et de Cour du Sud ont varié suivant leurs positions respectives sous les différentes dynasties. En effet, le *Pe King* d'aujourd'hui fut, après Lo Yang, au Ho Nan, le *Tchoung King* ou Cour du Milieu des Tartares Kin ; il avait été le NAN KING, Cour du Midi, des Leao qui n'eurent pas moins de cinq *King* ou Cours. Lo Yang fut tour à tour le *Toung King*, Cour orientale, de la dynastie des seconds Tcheou, le *Si King*, Cour occidentale, de la dynastie des Soung dont la capitale était K'aï Foung, et le *Tchoung King*, Cour du Milieu, des Kin. On retrouve ces appellations dans les autres pays d'Extrême-Orient : en Annam, Hanoï est la Cour de l'Est, *Toung King*, tandis que Huê est la Cour de l'Ouest, *Si King* ; au Japon, *Tokyo* est l'équivalent de Toung King et ce nom fut donné après la restauration de 1868 à Yedo pour le distinguer de Kyoto.

. Administrativement, Pe King s'appelle Chouen T'ien et forme l'un des onze *fou* ou préfectures de la province de Tche Li ; il est construit au nord-ouest d'une plaine sablonneuse à l'altitude de 37 m. par 39°54' de lat. N. et 114° de long. E., à une distance à peu près égale, 18 kil. et 14 kil. du Pei Ho et de son affluent le Houen Ho, au pied des collines du Tche Li, premiers contreforts des montagnes du Chan Si. Pe King orienté d'une manière générale du Nord au Sud, se compose de deux villes principales : au nord, la Ville Tartare, ou *Nei Tch'eng* ; au sud, la Ville Chinoise ou *Wei Tch'eng*. Dans l'intérieur de la Ville Tartare est enclavée la Ville Impériale ou *Houang Tch'eng* qui renferme elle-même la Ville réservée ou interdite, *Tseu Kin Tch'eng*. La capitale comprend donc quatre parties.

JURISPRUDENCE. — Sous l'ancien régime, les lois étaient renfermées dans le recueil *Ta Ts'ing Liu Li* formé au commencement de la dynastie mandchoue, révisé ou augmenté en 1670, en 1723, en 1740, en 1829 ; l'ouvrage était divisé en deux parties : *liu* contenant les lois fondamentales et invariables ; *li* contenant les lois secondaires, seules sujettes à des modifications. Depuis la chute de l'Empire en 1912, le Gouvernement en Chine, comme auparavant le Gouvernement au Japon, s'est efforcé de mettre les lois du pays en rapport avec la situation nouvelle ; il s'est occupé en particulier de la modification du Code pénal.

La Constitution provisoire républicaine du 10 mars 1912 prévoit en son article 6 qu'*aucun citoyen ne peut être arrêté, emprisonné, jugé ni puni si ce n'est conformément à la loi.* Une commission de codification avait été créée, puis son statut fut définitivement fixé par un mandat présidentiel du 13 juillet 1918 ; un nouveau projet de Code pénal a été élaboré et enfin imprimé en février 1919 ; il en a été donné une version anglaise (1919) et une version française (fév. 1920). Ce nouveau Code a fait de nombreux emprunts aux codes pénals étrangers, le texte du Code pénal du Japon de 1907 ayant servi de base à la rédaction du texte primitif.

Armée et Marine. — L'ancienne armée était divisée en armée des Huit Bannières, *Pa K'i*, qui se reconnaissaient à leurs couleurs : 1. Jaune à bordure ; 2. Jaune ; 3. Blanc, formant les trois Bannières supérieures ; 4. Blanc à bordure ; 5. Rouge ; 6. Rouge à bordure ; 7. Bleu ; 8. Bleu à bordure, formant les cinq Bannières inférieures.

Cette armée comprenait trois *Kou sai (Kou Chan)* formés de Mandchoux, de Mongols et de Chinois *(Han K'ïun)* descendant de ceux qui au XVIIe siècle avaient aidé les conquérants à s'emparer du trône.

Les Huit Bannières, *Pa K'i,* étaient divisées en *K'i* (bannière), en *kou chan* (tiers de bannière) commandé par un *tou t'ong,* en *kia-la,* régiment, et *tso ling,* compagnie. Le caporal était le *ling ts'ouei,* le soldat *ma kia* (4e classe) et *ngao eul pou* (2e classe). Il y avait donc 24 *k'i* en tout.

C'était en réalité l'armée métropolitaine.

L'armée provinciale chinoise formait l'autre portion de l'ancienne armée.

L'armée provinciale, de race chinoise, était appelée *Lou k'i ying,* camp des étendards verts, ou par abréviation *Lou ying,* camp vert. Elle était divisée en *t'i piao,* division (une par province), commandée par un *t'i tou,* en *tchen,* brigade, par un *tsong ping,* en *hié,* régiment, par un *fou tsiang,* colonel (le lieutenant-colonel était le *ts'an tsiang),* en *ying,* bataillon de 500 hommes, par un *yeou ki,* comman-

dant, en *chao*, compagnie, par un *tou seu*, capitaine de
1re classe (le capitaine de 2e classe était un *cheou pei*), en
seu, section, par un *ts'ien tong*, lieutenant (le sous-lieutenant
était un *pa-tsong*). Le sergent était un *wai wei ts'ien tsong*
et le caporal un *wai wei pa tsong*.

En 1905, le Gouvernement mandchou décida de réorganiser l'armée de terre, *Lou kiun*, en cinq ans. On forma
des corps d'armée qui furent nommés *Che t'ouan*, corps
d'armée, composés de *tchen*, division, constituée de *piao*,
régiments, de compagnies, *touei*, et de sections, *p'ai*, qui
remplacèrent les *hiê*, *chao* et *seu*, du *Lou Ying*. Les officiers
formaient neuf degrés de trois catégories chacun *(san teng
kieou ki)* : officiers généraux (général de corps d'armée,
tcheng tou t'ong ; général de division, *fou tou t'ong* ; général
de brigade, *hie tou t'ong)* ; officiers supérieurs (colonel,
tcheng ts'an ling ; lieutenant-colonel, *fou ts'an ling* ; chef de
bataillon, *hiê ts'an ling)* ; officiers subalternes (capitaines,
tcheng kiun hiao ; lieutenants, *fou kiun hiao* ; sous-lieutenants,
hiê kiun hiao). Pendant cette période les Huit Bannières
continuaient d'exister.

En 1912-1913, l'armée de terre, *Lou kiun*, fut répartie
en *kiun*, armée, commandée par un *chang tsiang*, général
d'armée, en *che*, division, par un *tchoung siang*, en *lu*, brigade, par un *chao tsiang*, en *t'ouan*, régiment, par un *chang
hiao*, en *ying*, par un *chao hiao*, en *lien*, compagnie, par un
chang wei, capitaine, en *p'ai*, section, par un *tchoung wei*, lieutenant ; puis viennent le sous-lieutenant *chao wei*, les sous-officiers *chang che*, *tchoung che*, *hia che* ; les soldats sont de
la classe supérieure, *chang teng ping*, de la 1re classe, *yi
teng ping*, et de la 2e classe, *eul teng ping* [1].

---

1. Cf. A. Vissière, J. As., 1914, I, pp. 59 seq.

La Marine qui n'était qu'une partie de l'armée de terre était formée des troupes d'eau *chouei che* commandées par un *chouei che t'i tou*. En 1905, on créa un ministère de la Marine, *Hai kiun pou*, dépendant du *Lou kiun pou*, ministère de la Guerre ; il fut constitué d'une manière indépendante le 16 novembre 1911 et fut organisé le 2 septembre 1912. Les amiraux sont des *Hai kiun chang tsiang*, les contre-amiraux, *Hai kiun tchoung tsiang*, etc. suivant la nomenclature de l'armée de terre. Le ministère comprend le cabinet du ministre, *tsong wou t'ing*, et cinq directions : décisions militaires, *kiun heng se* ; affaires militaires, *kiun wou se* ; armement, *kiun hiai se* ; fournitures militaires, *kiun sin se* ; écoles navales, *kiun hiue se* [1].

ÉDUCATION. — Jadis le premier examen littéraire *(sieou tsai)* des étudiants *(tou cheng)* correspondait au baccalauréat, et se passait tous les deux ans dans les villes préfectorales ; le second degré *(ku jen)* était décerné seulement dans la capitale de la province ; enfin le troisième degré, celui de docteur *(tsin che)* n'était obtenu que dans un concours triennal tenu dans la capitale de l'Empire, Pe King, ainsi que nous le disons plus haut.

Aujourd'hui, il y a un ministère de l'Éducation *(Kiao You Pou)* dont le titulaire est aidé par 16 inspecteurs ; le travail est accompli par un Conseil général et trois Bureaux ; le pays est divisé en huit régions à chacune desquelles sont attachés deux inspecteurs ; les principes du système d'éducation ont été établis dans une conférence tenue à Pe King en juillet-août 1912. Quatre Universités devaient être créées à Pe King, Nan King, Canton et Wou Tch'ang.

---

1. A. Vissière, J. As., 1914, II, pp. 639 seq.

CHEMINS DE FER. — De grandes lignes de chemin de fer sillonnent l'empire qui, lorsque le réseau sera terminé, couvriront le territoire entier. La première ligne fut construite à la suite d'une concession de route ordinaire par la maison anglaise de Chang Haï, Jardine, Matheson C°, de Chang Haï au port de Wou Soung à environ 16 kilomètres, inaugurée le 30 juin 1876, rétrocédée en 1877 aux Chinois qui la transportèrent à Formose. En 1897, une nouvelle ligne fut construite entre Wou Soung et l'arsenal de Kao tchang miao et prolongée depuis jusqu'à Sou Tcheou, Tchen Kiang, Nan King, etc. ; elle a été inaugurée en avril 1908 ; sa longueur est de 203 milles. Le premier chemin de fer du nord, qui ne se rattachait à aucun projet d'ensemble, avait pour but unique de desservir les mines de houille de Kaï P'ing, situées dans la province de Tche Li, au nord-est de T'ien Tsin, dans lesquelles Li Houng-tchang avait de grands intérêts (1881) ; en 1886, un décret impérial approuvait la constitution d'une Compagnie Impériale de Chemins de fer *(Imperial Northern Railways of China-Kin foung)* avec un capital anglo-chinois et la petite ligne de Kaï P'ing est devenue la grande ligne de Pe King à Moukden, *via* T'ien Tsin-Chan Haï Kouan, Sin min toun, inaugurée en 1903 ; elle a 525 milles de long, sans compter ses branches de Pe King-T'oung Tcheou (14 milles), Pe King-Lou kou k'iao (embranchement de la ligne de Han K'eou) (4 milles), Tang Ho-Ts'in Wang tao (6 milles), Lien Chau-Port de Hou lou tao (7 milles) ; Kou pang tseu-Ying tseu (Nieou Tchouang) (57 milles) et T'ien Tsin-Si kou (3 milles). — La construction du chemin de fer de Pe King à Kalgan a été commencée avec un capital chinois en octobre 1905 ; il a été inauguré en septembre 1909 ; sa longueur est de 124 milles, sans compter l'embranchement Kalgan-Tien tchen-Ta T'oung-Souei Youen inauguré en juin 1911, qui a 55 milles de long. — La grande ligne de Pe King à Han K'eou *(Lou Han, King Han, Pe Han)* a une longueur pour sa ligne principale de 755 milles ; commencée en 1897 et inaugurée en décembre 1905, elle a cinq embranchements ; son capital est franco-belge. — Chemin de fer de T'ien Tsin à Pou K'eou, 626 milles, moitié allemand, moitié anglais, commencé en juin 1908, inauguré en décembre 1910, oct. et nov. 1911 ; plusieurs embranchements. — Chemin de fer de Tao K'eou à Tseu Tcheou, commencé en 1900, capital anglais, ouvert en 1904, longueur 96 milles, avec un embranchement, 7 milles. — Le Chemin de fer de K'aï Foung-Ho Nan (Pien lo), commencé le 1er juillet 1908, inauguré en déc. 1908, français, 140 milles ; prolongé jusqu'à Si Ngan. — Chemin de fer Se-Tch'ouan-Han K'eou (Tch'ouan Han), commencé en 1910, capital fourni par les « Quatre Nations », allemand et américain, passé en 1911 sous le contrôle du gouvernement. — Le Chemin de fer Canton-Han K'eou (Yue Han), commencé en 1904 par un syndicat américain, aura environ 700 milles ; des portions sont construites : Canton-Yintak-Shiutcheou, inaugurée en 1909-11, 140 milles ; Tch'ang Cha-Yo Tcheou, ouvert sept. 1918, 120 milles ; Yo Tcheou-Wou Tch'ang (Han K'eou), ouvert en sept. 1917, 160 milles ; deux branches sont terminées : Canton-Fatchan-Sam chouei, ouvert 1904, 32 milles ; Tchou Tcheou-Ping siang, ouvert en 1902, 65 milles. — Le Chemin de fer Canton-Kowloon, commencé pour la section anglaise en 1905, pour la section chinoise en juillet 1908, capital anglais, 112 milles, inauguré en octobre 1910 et oct. 1911. — Chemin de fer de Soun ning (Sin Ning), de Samkaphoi à Kong moon, par Soun Ning, 63 milles 1/2. — Le Chemin de fer du Yun Nan, de Yun Nan fou à Lao Kaï, frontière du Tong king, 289 milles, ouvert en avril 1910. — Chemin de fer de Swatow à Tchao tcheou, ouvert en novembre 1906, 26 milles 1/2. — Chemin de fer d'Amoy à Tchang Tcheou, 18 milles. — Chemin de fer du Kiang Si, de Kieou Kiang à Nan Tch'ang, 86 milles. — Le Chemin de fer du Ngan Houei (Wou Hou), commencé en 1906, mais arrêté. — Chemin de fer de Kiang Sou-Tche Kiang, de Chang Haï à Hang Tcheou, par Kaching, ouvert en août 1908, 118 milles et de Hang Tcheou à Ning Po, 193 milles. — Chemin de fer de Tsao Tsao (mines de charbon), ouvert en 1915, 27 milles. Il faut ajouter les deux lignes qui traversent la Mandchourie de Harbin à Daïren (Dalny), le chemin de fer de Tsing Tao à Tsi Nan fou, ouvert en juin 1904, 256 milles, avec des branches, et celui du Chan Si, commencé en 1904, capital fourni par la banque russo-chinoise, longueur 151 milles, français, ouvert en octobre 1904. Une trentaine d'autres lignes sont en projet, en particulier celles d'Ourga à Kiakhta, du Kouang Si, de Teng Yué à Bhamo, etc. Au début de l'année 1919, la Chine possédait : 11.027 kilomètres de lignes en exploitation et 3.601 kilomètres de lignes en construction ; en outre, 20.050 kilomètres de lignes étaient en projet.

DOUANES ET COMMERCE. — Les Douanes maritimes chinoises remontent à l'année 1854, époque à laquelle la ville de Chang Haï étant menacée par les rebelles, il était impossible de prélever les droits sur les marchandises importées par les Étrangers. Par suite les trois puissances, Angleterre, États-Unis et France, ayant un traité avec la Chine, désignèrent chacune un délégué chargé de percevoir les droits. A la suite de l'occupation de Canton par les

Anglais et par les Français, le système des douanes adopté à Chang Haï fut employé dans le grand port du sud de la Chine et un bureau des douanes y fut ouvert en 1859, avec l'approbation du vice-roi des deux Kouang. Après le traité de T'ien Tsin de 1858, la nouvelle administration fut étendue aux autres ports ouverts au commerce étranger.

La France et les États-Unis ayant négligé de se faire représenter dans le triumvirat des inspecteurs, l'Anglais H. N. Lay resta seul à la tête du service. Lay fut remplacé comme Inspecteur général par Robert Hart (1863), auquel on adjoignit le 6 mai 1906 deux hauts fonctionnaires chinois. Quand Hart prit sa retraite, il fut remplacé en oct. 1911 par F. A. Aglen. L'Inspecteur général qui réside à Pe King a dans les différents ports 40 Commissaires, 24 Députés Commissaires, des Assistants étrangers et chinois de différentes classes, divers fonctionnaires, au nombre total pour le service intérieur de 319 en 1918 ; il faut ajouter 53 médecins à ce chiffre ; le service extérieur, douaniers. examinateurs, etc., avait un personnel de 773 ; le service de la côte, commandants (4), leurs officiers, les mécaniciens, etc., comprenait 28 personnes ; il y avait un grand nombre de clercs chinois pour les différents services intérieurs ; il faut ajouter le personnel de la Marine et des Ateliers. Les divers pays étrangers sont représentés dans le personnel, mais l'élément anglais est prédominant. Le nombre total des employés était en 1918 de 7.178, dont 1.148 étrangers et 6.030 Chinois.

En 1919, le revenu total des Douanes maritimes chinoises s'élevait à 46.009.160 Haï kouan taels sur lesquels Chang Haï était représenté par 14.289.736,506, T'ien Tsin par 5.203.386,496, Dairen (Dalny) par 4.556.924,197, Han K'eou par 4.219.599,096, etc. ; la valeur du commerce étranger était de 1.342.870,818 ; net, 1.277.807,092, sur lesquels Chang Haï figure pour 521.429.833, Dairen pour 198.090.856, Han K'eou pour 51.946.350, Canton pour 95.797.971, etc. Sur ce chiffre de 1.277.807.092, l'Indochine française n'était représentée que par 4.666.116, la France par 37.661.798, tandis que le Japon figure pour 441.947.029, Hongkong pour 285.128.840, Singapore et les Détroits pour 21.336.448, l'Inde Britannique pour 36.580.118, la Grande-Bretagne pour 121.478.481, l'Australie, etc., 1.367.230, les États-Unis pour 211.355.383. Le change pour le Haï kouan tael était 10 fr. 12 contre 3 fr. 40 en 1910.

PORTS OUVERTS AU COMMERCE ÉTRANGER

I. — Ports du Nord.

1. — AIGOUN, province de He loung Kiang, Mandchourie, ouvert en juillet 1909, en vertu du traité japonais de 1905.
2. — SANSING, prov. de Kirin, Mandchourie, ouvert en juillet 1909, en vertu du traité japonais de 1905.
3. — MANTCHEOULI, prov. de He loung kiang, Mandchourie, ouvert en février 1907, en vertu du traité japonais de 1905.
4. — HARBIN, prov. de Kirin, Mandchourie, ouvert en juillet 1909, en vertu du traité japonais de 1905.
5. — SUIFENHO, prov. de Kirin, ouvert en février 1908, en vertu du traité japonais de 1895.
6. — HUNCHUN, prov. de Kirin, ouvert en janvier 1910, en vertu du traité japonais de 1905.

7. — Loung ching tsun, prov. de Kirin, ouvert en janvier 1910, en vertu du traité japonais de 1905.

8. — Ngan Toung, prov. de Chen king, Mandchourie, ouvert en mars 1907, en vertu du traité américain de 1903.

9. — Ta Toung k'eou, prov. de Cheng king, ouvert en mars 1907, en vertu du traité japonais de 1903.

10. — Dairen (Dalny), prov. de Cheng King, ouvert en juillet 1907.

11. — Nieou tchouang, prov. de Cheng King, Mandchourie, ouvert le 9 mars 1864, en vertu du traité anglais de T'ien Tsin de 1858.

12. — Ts'in Wang Tao, prov. de Tche Li, ouvert le 15 décembre 1901, par décret impérial du 31 mars 1898.

13. — T'ien Tsin, Tche Li, ouvert en mai 1861, en vertu des conventions anglaise et française de Pe King, 1860.

— Takou, Tche Li.

14. — Tchefou (Yen T'ai), prov. de Chan Toung, ouvert en mars 1862, en vertu des traités anglais et français de T'ien Tsin de 1858.

15. — Kiao Tcheou, Chan Toung, ouvert le 1er juillet 1899, en vertu de la convention allemande du 6 mars 1898.

II. — Ports du Yang Tseu.

16. — Tch'oung K'ing, Se Tch'ouan, ouvert le 31 mars 1890 (effectivement novembre 1890).

17. — Wan Hien.

18. — I Tch'ang, Hou Pé, ouvert le 1er avril 1877, en vertu de la Convention de Tche Fou de 1876.

19. — Cha Che, Hou Pé, ouvert le 1er oct. 1896, en vertu du traité de Shimonoseki du 17 avril 1895.

20. — Tch'ang Cha, Hou Nan, ouvert le 7 octobre 1903 (effectivement le 1er juillet 1904).

21. — Yo Tch'eou, Hou Nan, ouvert le 13 novembre 1899, en vertu du décret impérial du 31 mars 1898.

22. — Han K'eou, Hou Pé, ouvert en janvier 1862, en vertu des règlements provisoires de 1861.

23. — Kieou Kiang, Kiang Si, ouvert en janvier 1862, en vertu des règlements provisoires de 1861.

24. — Wou Hou, Ngan Houei, ouvert le 1er avril 1877, en vertu de la Convention de Tche Fou de 1876.

25. — Nan King (Kiang Ning), Kiang Sou, ouvert le 1er mai 1899, en vertu du traité français de T'ien Tsin de 1858.

26. — Tchen Kiang, Kiang Sou, ouvert en avril 1861, en vertu du traité anglais de 1858.

III. — Ports du Centre.

27. — Chang Hai, Kiang Sou, ouvert en 1854 (ouverture officielle le 17 novembre 1843), en vertu du traité de Nan King de 1842.

28. — Wou Soung, Kiang Sou, ouvert le 24 mai 1898.

29. — Sou Tcheou, Kiang Sou, ouvert le 26 septembre 1896, en vertu du traité de Shimonoseki.

30. — Hang Tcheou, Tche Kiang, ouvert le 26 septembre 1896, en vertu du traité de Shimonoseki.

31. — NING PO, Tche Kiang, ouvert en mai 1861, en vertu du traité de Nan King de 1842.

32. — WEN TCHEOU, Tche Kiang, ouvert en avril 1877, en vertu de la Convention de Tche Fou de 1876.

IV. — PORTS DE LA CÔTE MÉRIDIONALE.

33. — SAN TOU NGAO, Tche Kiang, ouvert le 1er mai 1899, en vertu du décret impérial du 31 mars 1898.

34. — FOU TCHEOU, Fou Kien, ouvert en juillet 1861, en vertu du traité de Nan King de 1842.

35. — AMOY (EMOUI, HIA MEN), Fou Kien, ouvert en avril 1862, en vertu du traité de Nan King de 1842.

36. — CHAN T'EOU (SWATOW), Kouang Toung, ouvert en janvier 1860, en vertu des traités anglais, français et américain de T'ien Tsin, 1858.

37. — CANTON, Kouang Toung, ouvert en octobre 1859, en vertu du traité de Nan King de 1842.

38. — KAO LOUN (KIEOÙ LOUNG, KOWLOON), Kouang Toung, ouvert en avril 1887.

39. — LAPPA (KONG PE), Kouang Toung, ouvert le 27 juin 1871.

40. — KIANG MEN (KONGMOON), Kouang Toung, ouvert le 7 mars 1904.

41. — SAM CHOUEI (SAMSHUI), Kouang Toung, ouvert le 4 juin 1897, en vertu de la Convention anglo-chinoise frontière birmane, 4 février 1897.

42. — WOU TCHEOU, Kouang Si, ouvert le 4 juin 1897, en vertu de la Convention précédente.

43. — K'IOUNG TCHEOU (HAI K'EOU, HOI HOW), Kouang

Toung, Haï Nan, ouvert en avril 1876, en vertu des traités anglais et français de T'ien Tsin, 1858.

44. — Pak hoi (Pe Haï), Kouang Toung, ouvert en avril 1877, en vertu de la Convention de Tche Fou, de 1876.

V. — Ports de frontière.

45. — Loung Tcheou, Kouang Si, ouvert le 1er juin 1899, en vertu du traité français du 26 juin 1887.

46. — Nan Ning, Kouang Si, décret impérial, 3 février 1899.

47. — Ho K'eou, Yun Nan, ouvert le 1er juillet 1897.

48. — Mong Tseu, Yun Nan, ouvert le 30 avril 1889, en vertu du traité français du 26 juin 1887.

49. — Se Mao, Yun Nan, ouvert le 2 janvier 1897, en vertu de la Convention française, 1895 ; anglaise, 1896.

50. — Téng Yüe ou Momeïn, Yun Nan, ouvert le 8 mai 1902, en vertu de la Convention du 4 février 1897.

51. — Ya Toung, Tibet, ouvert le 1er mai 1894.

Mesures chinoises. — Les anciennes mesures chinoises étaient les suivantes :

Mesures linéaires : le *li*, o mm. 36 ; le *fen* (ligne), 3 mm. 58; le *ts'ouen* (pouce), 3 cm. 58 ; le *tch'e* (pied), 35 cm. 8 ; le *tchang* (toise) = 10 pieds, 3 m. 58 ; le *yin* = 10 *tchang*, 35 m. 8.

Mesures itinéraires : le *kong* (pas) = 5 pieds, 1 m. 79 ; le *fen* = 24 *kong*, 42 m. 96 ; le *kio* = 60 *kong*, 107 m. 4 ; le *li* (stade) = 180 *tchang*, 644 m. 4 ; le *tou* (degré) = 250 *li*, 161 km. 1.

Mesures de superficie : *Pou kong* (pas carré), 3 mq. 20 ; le *meou* (arpent) = 240 *pou*, 7 a. 69 ; le *k'ing* = 100 *meou*, 768 a. 98.

Mesures de capacité : le *cheng* (pinte), 1 l. 031 ; le *teou* (boisseau), 10,31 ; le *hou* = 5 boisseaux, 51,55 ; le *che (tan)* = 10 boisseaux, 103,1.

Mesures de poids : le *li*, 3 cg. 778 ; le *fen*, o gr. 378 ; le *tsien*, 3 gr. 778 ; le *liang* (once, *tael*), 37 gr. 783 ; le *kin* (livre) = 16 taels, 604 gr. 53 ; le *tan* (picul) = 100 livres, 60 kgr. 453.

Une loi du 31 mars 1914 a adopté le système métrique ; voici les nouvelles mesures :

Longueur : *Li* = 1.800 pieds, 576 mètres ; *Yin* = 100 pieds, 32 mètres ; *Tchang* (toise) = 10 pieds, 3,2 ; *Pou* = 5 pieds, 1,6 ; *Tch'e* (pied), 32 centimètres ; *Ts'ouen* (pouce) = 0,1 pied, 3,2 centimètres ; *Fen* = 0,01 pied, 3,2 millimètres ; *Li* = 0,001 pied, 0,32 millimètres ; *Hao* = 0,0001 pied, 0,032 millimètres.

Capacité : *Tan (che)* = 100 pintes, 103,54688 litres ; *Hou* = 50 pintes, 51,77344 litres ; *Teou* (boisseau) = 10 pintes, 10,354688 litres ; *Cheng* (pinte) = 1,0354688 litres ; *Ko* = 0,1 pinte, 0,1035469 litres ; *Chao* = 0,01 pinte, 0,0103547 litres.

Surface : *K'ing* = 100 meou, 6,144 hectares ; *Meou* = 6.144 ares ; *Fen* = 0,1 meou, 0,6144 ares ; *Li* = 0,01 meou, 6.144 centiares ; *Hao* = 0,001 meou, 0,6144 centiares.

Poids : *Kin* (livre) = 16 taels, 596,816 grammes ; *Liang (tael)* = 37,301 grammes ; *Ts'ien* = 0,1 tael, 3,7301 grammes ; *Fen* = 0,01 tael, 37,301 centigrammes ; *Li* = 0,001 tael, 3,7301 centigrammes ; *Hao* = 0,0001, 3,7301 milligrammes.

1 mètre = 2 pieds chinois, 79 ; 1 kilomètre, 1 li, 55 ; 1 hectare, 13 meou ; 1 litre, 0 cheng, 97 ; 1 gramme, 2 fen, 65 ; 1 kilogramme, 1 livre, 65 ; 1 tonne, 16 tan, 5.

La seule monnaie réelle de Chine est le *ts'ien* que les Français appellent *sapèques*, d'après *sapek*, monnaie employée en Annam, et les Anglais *cash*, de *caixa*, monnaie d'étain de Malacca connue des Portugais (1511) ; ces *ts'ien* (cuivre) sont enfilés par mille sur un cordon divisé en dix parties de cent *ts'ien* chacune ; on donne à ce groupe de mille ou *ligature* le nom de *min* ou *kouan*. En théorie, 10 *hao* = 1 cash *(li)* ; 10 cash = 1 candareen *(Fen)* ; 10 candareens = 1 mace *(tsien)* ; 10 mou = 1 tael *(Liang)*. C'est le tael qui est aujourd'hui l'unité monétaire.

Le haikouan tael, en usage dans les douanes, a subi les variations suivantes : 1910, 3 fr. 40 ; 1911, 3 fr. 40 ; 1912, 3 fr. 85 ; 1913, 3 fr. 81 ; 1914, 3 fr. 45 ; 1915, 3 fr. 39 ; 1916, 4 fr. 63 ; 1917, 5 fr. 94 ; 1918, 7 fr. 11 ; 1919, 10 fr. 12. En 1919 il vallait 6 shillings 4 ; 1 dollar américain 39 ; 1 dollar mexicain 68.

LANGUE. — La langue chinoise est monosyllabique et exempte de toute flexion ; les caractères qui la composent sont donc indéclinables et inconjugables, c'est-à-dire que c'est par les tons et par la position des mots, la connaissance des particules, dont l'emploi constitue l'ossature et la phraséologie, que la langue devient intelligible. Tout d'abord, il faut établir une distinction entre la langue écrite et la langue parlée. La langue parlée en Chine dans la bonne société aujourd'hui est désignée sous le nom de *kouan houa* (par opposition aux dialectes locaux *t'ou houa)*, que les étrangers désignent généralement sous le nom de langue mandarine, quoiqu'elle soit la langue la plus universellement parlée dans l'empire et dans toutes les classes. Il y a un *kouan houa* de Pe King parlé au Tche Li et au Chan Toung ; il y a un *kouan houa* de Nan King, le plus répandu ; il y a un *kouan houa* de Tch'eng Tou (Se Tch'ouan) ; en dehors de cette grande langue, il y a un grand nombre de dialectes, comme ceux de Canton, du Fou Kien (Hok Kien), de Soung Kiang (au Kiang Sou), etc. ; il existe en outre les langues particulières de tribus non chinoises, Lolo, Moso, Hakka, etc. On distingue le *kouan houa* du *kou wen*, style antique plus essentiellement monosyllabique, partant moins précis, qui, indispensable pour l'étude des livres classiques *(king)*, ne répondrait pas à cause de son vague aux besoins de la vie actuelle. Entre le *kou wen* et le *kouan houa*, les Chinois placent un troisième style, *wen tchang*, style littéraire, qui procède des deux autres, qui a moins de vague que le *kou wen*, mais en même temps plus de clarté que le *kouan houa*. En réalité, il y a autant de styles que de sujets.

Les Chinois divisent leurs mots en mots pleins, *che tseu*, qui ont une signification propre, et en *hiu tseu*, mots vides, qui servent en général de particules, à compléter le sens des mots pleins et à exprimer les rapports des mots entre eux. On divise les *che tseu* en deux sections, en *sen tseu* ou *houo tseu*, mots vivants, qui marquent l'action, les verbes, par exemple, et en *se tseu*, mots morts, qui marquent la nature des choses, les substantifs par exemple.

Les inflexions de la voix sont représentées par cinq tons : *chang p'ing, hia p'ing, chang chen, k'iu chen* et *jou chen*, c'est-à-dire ouvert, muet, montant, descendant et rentrant. Quelques philologues européens, Wade et Stent, par exemple, marquent ces tons par des chiffres. Les jeunes Chinois les apprennent par la pratique dans les écoles. Le nombre des tons, *cheng*, varie suivant les dialectes ; il y en a même qui en ont huit ou neuf, dit Giles. Dans le dialecte de Pe King il n'y a que quatre tons *(seu chêng)* qui sont le *p'ing*, le *chang*, le *k'iu*, le *jou*. Les Annamites ont six tons ou accents.

Les étrangers qui ne connaissent pas le chinois se servent pour parler à leurs domestiques, leurs fournisseurs, etc., d'une langue qu'on nomme *pidgin-english (business english)*, formée de mots chinois, anglais, portugais, malais.

On fait remonter à l'empereur Fou Hi l'invention des caractères chinois que l'on répartit aujourd'hui en six classes ou six genres : 1º *Siang hin*, caractère figuratif dans lequel, par exemple, le soleil est représenté par un rond avec un point dedans, la lune par un croissant, etc., c'est-à-dire que l'objet est indiqué par une image grossière ; 2º *Tche seu*, caractères indicatifs, j'appellerai même suggestifs, qui s'adressent à l'esprit plutôt qu'à l'œil, ainsi trois triangles, dont l'un en tête, représentent un monceau ; deux carrés marquent le voisinage ; 3º *Houi-i,* caractères composés qui consistent dans la réunion de deux caractères pour obtenir un troisième sens, que n'avaient pas les caractères pris séparément ; 4º *Kia tseu*, caractères emprun-tés dont le sens propre est employé au figuré ; 5º *Hin Chen*, caractères syllabiques, qui donnent à la fois le son et l'idée ; 6º *Tchouan Tchou*, caractères retournés ; l'ensemble de ces six classes de caractères chinois porte le nom de *lou chou.*

Les caractères chinois se composent d'un certain nombre de traits qui atteignent le chiffre de neuf ; ce sont : le point, *tchou* ou *tien* ; la ligne, *houa* ; la virgule, *p'ié* ; la lance, *kouen* ; le crochet, *kiue* ; la ligne brisée, *kou* ; la courbe, *i* ; le trait, *ti* ; le pied, *nah*. D'une façon générale, le caractère chinois est formé d'un radical ou clef et d'une phonétique ; le nombre de ces clefs varie suivant les auteurs, mais le système de l'empereur K'ang Hi a prévalu et les caractères sont rangés d'après le nombre de leurs traits depuis un jusqu'à 17 traits sous 214 clefs. Le nombre des caractères de la langue chinoise est considérable, ainsi le dictionnaire de K'ang Hi contient 44.449 caractères ; en pratique, 7 à 8.000 caractères sont amplement suffisants pour les besoins.

Les Chinois pour écrire se servent d'encre *(me)*, de pinceaux *(pi)* et de papier *(tche)*. « Les quatre trésors *(Se pao)* de la table d'un écrivain, disent les Chinois, sont l'encre, le papier, le pinceau et l'encrier *(me tong)* ». La base de l'encre est du noir de fumée et de la colle mis dans des moules ; cette encre porte des noms suivant sa qualité et est ornée de caractères, de personnages, de figures, etc. Les Coréens avaient jadis la réputation, perdue depuis, de faire une encre supérieure à celle de la Chine. Le pinceau, qui se tient presque perpendiculairement, est généralement assujetti dans une tige de bambou. Il y a diverses sortes de papier.

Pour la LITTÉRATURE et les BEAUX-ARTS, voir les volumes spéciaux.

DEUXIÈME PARTIE

HISTOIRE

ORIGINE. — De nombreuses théories ont été échafaudées sur l'origine des Chinois qu'on a été chercher chez les Égyptiens, les Babyloniens et autres peuples de l'antiquité, mais elles ne reposent sur rien de sérieux. Au début de leur histoire, les Chinois sont campés sur les rives du Fleuve Jaune et de son affluent, la Wei. D'après la légende taoïste, le premier homme, P'an Kou ou Hou Touen (Chaos), a donné naissance après sa mort à l'univers : sa tête se changea en montagne, ses yeux devinrent le soleil et la lune, ses veines des fleuves et des rivières, ses cheveux des arbres, les poils de son corps des plantes, etc. ; cette légende fut introduite du Siam ou de la Malaisie au VIe siècle de notre ère. Au premier homme ont succédé les *San Houang* (Trois Souverains) qui comprennent les treize Souverains du Ciel, *T'ien Houang*, les onze Souverains de la Terre, *Ti Houang*, puis les neuf Souverains Hommes, *Jen Houang*. Nous avons ensuite la période des Cinq Empereurs, *Wou Ti*, (dont les noms varient) c'est-à-dire *Fou Hi* (2953), qui inventa les huit

trigrammes *(pa koua)* qui lui permirent de pénétre
« l'efficace des esprits divins et grâce auxquels il péné
tra, il sépara par classes les natures des êtres », *Che*
Noung (2838), le premier patron de l'Agriculture, *Houang*
Ti (2697), l'empereur jaune, grand réformateur, cons-
tructeur des premières maisons, *Chao Hao* (2598), *Tchouer*
Hiu (2514), *Ti K'o (Ko'u)* (2436), auxquels il fau
ajouter *Ti Che* (2366). Depuis les neuf souverains jusqu'à Houang Ti, les Chinois comptent dix périodes ou
Ki dont la dixième et dernière *Lieou Ki* correspond pré-
cisément à HouangTi. Il ne faut aborder le récit
entouré de légendes, des débuts de la nation chinoise
qu'avec beaucoup de scepticisme et le considérer comme
relevant du folk-lore et non de l'histoire.

HISTOIRES DYNASTIQUES. — On compte 24 Histoires dynastiques : *Eul Che se che* :

1° *Che Ki*, Mémoires historiques, par Se-ma Ts'ien
depuis l'antiquité jusqu'à 122 av. J.-C., comprend
130 livres.

2° *T'ien Han Chou*, Histoire des Han antérieurs, par
Pan Kou, 206 av. J.-C., 24 ap. J.-C., 120 livres.

3° *Heou Han Chou*, Histoire des Han postérieurs, par
Fan Ya, 26-220 ap. J.-C., 120 livres.

4° *San Kouo Tche*, Histoire des Trois Royaumes, par
Tch'en Cheou, 220-280, 65 livres.

5° *Tsin Chou*, Histoire des Tsin, par Fang K'iao, etc.,
265-419, 130 livres.

6° *Soung Chou*, Histoire des Soung, par Tch'en Yo
420-478, 100 livres.

7° *Nan Ts'i Chou*, Histoire des Ts'i Méridionaux, par
Siao Tseu-hien, 479-501, 59 livres,

8° *Leang Chou*, Histoire des Leang, par Yao Se-lien, 502-556, 56 livres.

9° *Tch'en Chou*, Histoire des Tch'en, par Yao Se-lien, 556-580, 36 livres.

10° *Wei Chou*, Histoire des Wei, par Wei Cheou, 386-556, 114 livres.

11° *Pe Ts'i Chou*, Histoire des Ts'i septentrionaux, par Li Pe-yo, 550-577, 15 livres.

12° *Heou Tcheou Chou*, Histoire des Tcheou postérieurs, par Ling-hou Te-feun, et autres, 557-581, 50 livres.

13° *Souei Chou*, Histoire des Souei, par Wei Tcheng, et autres, 581-617, 85 livres.

14° *Nan Che*, Historiens du Sud, par Li Yen-cheou, 420-589, 80 livres.

15° *Pe Che*, Historiens du Nord, par Li Yen-cheou, 386-581, 100 livres.

16° *Kieou T'ang Chou*, les anciens livres des T'ang, par Lieou Hiu, et autres, 618-906, 214 livres.

17° *Sin T'ang Chou*, les nouveaux livres des T'ang, par Ngeou-yang Sieou et Soung K'i, 618-906, 255 livres.

18° *Kieou Wou Tai Chou*, Ancien Livre des Cinq Dynasties, par Sie Kiu-tcheng, 907-959, 150 livres.

19° *Sin Wou Tai Chou*, Livre des Cinq Dynasties, par Ngeou-yang Sieou, 907-959, 74 livres.

20° *Soung Che*, Histoire des Soung, par T'o t'o, 960-1279, 496 livres.

21° *Leao Che*, Histoire des Leao, par T'o t'o, 916-1125, 116 livres.

22° *Kin Che*, Histoire des Kin, par T'o t'o, 1115-1234, 134 livres.

23° *Youen Che*, Histoire des Mongoux, par Soung Lien, et autres, 1206-1367, 210 livres.

24º *Ming Che*, Histoire des Ming, par Tchang T'ing-yu, 1368-1643, 332 livres.

Yao et Chouen. — Les grands empereurs Yao (2357) et Chouen (2255) règnent ensuite ; c'est dans la 61e année (2297) de Yao qu'une terrible catastrophe frappa l'Empire : une grande inondation causée par le débordement des eaux du Houang Ho qui se réunirent à celles du Houai et du Kiang et dévastèrent le pays. Ce fut Yu qui fut chargé de l'œuvre d'endiguement du Fleuve Jaune. En huit ou neuf ans, suivant Mencius, Yu aurait parcouru les neuf provinces ou *tcheou* qui composaient l'Empire, et terminé ses travaux.

Yu. — A la mort de Chouen, Yu fut choisi pour le remplacer et fut le fondateur de la première dynastie impériale, celle des Hia (2205-1766) qui fut dépossédée par T'ien Yi, prince de Chang, connu sous le nom posthume de T'ang, qui créa la seconde dynastie (1766), celle des Chang, qui prit le nom de Yin (1401) lorsque la capitale eut été changée par l'empereur P'an Keng ; l'inconduite du dernier prince Sin, amena une grande rébellion conduite par Fa, connu depuis sous le nom de Wou Wang, qui écrasa les troupes impériales dans la plaine de Mou Ye (Ho Nan) en 1122.

Tcheou. — Wou Wang était le fils de Si Pe, le chef de l'Ouest, un des trois Ducs du Palais, qui fut canonisé sous le nom de Wen Wang, Wou Wang né en 1169, est le premier empereur de la dynastie des Tcheou ; dès le début de son règne, il affaiblit la puissance impériale en faisant de larges distributions de principautés et d'apanages entre ses partisans ; quand il mourut, en 1116, au nom de son fils Tch'eng Wang, la régence fut exercée par son frère, le célèbre Tcheou Koung, auquel la légende attribue l'invention de la boussole. Sous le règne de Mou (1001), on place le voyage légendaire de l'empereur dans les régions de l'Ouest chez un personnage nommé Si Wang Mou dans lequel on a voulu voir la Reine de Saba. La décadence de la dynastie des Tcheou commence avec P'ing Wang (770), alors que grandit la puissance des princes de Ts'ï, de Tch'ou, de Ts'in et de Tsin ; c'est en 721 que Confucius fait commencer son ouvrage le *Tch'ouen Ts'ieou* (Printemps et Automne) qui renferme les Annales de sa patrie, la principauté de Lou (721-481) au Chan Toung : l'Empire était alors divisé en 21 principautés ou royaumes ; l'histoire de la Chine est considérée comme authentique à partir du commencement du *Tch'ouen Ts'ieou* (721 av. J.-C.) ; nous rappellerons que c'est au VIIIe siècle avant notre ère que se placent la chute du premier empire d'Assyrie avec Sardanapale, la fondation de Rome, l'ère de Nabonassar (747).

Sous les Tcheou, la Chine était une fédération d'états unis par le lien bien fragile de la suzeraineté de l'un d'entre eux, celui de Tcheou. L'état de Ts'in gagnait en puissance de siècle en siècle et finalement réussit à renverser la dynastie des Tcheou dont le dernier empereur Nan mourut en 256.

A la dynastie des Tcheou se rattachent les grands noms des philosophes Confucius et Lao Tseu.

Confucius. — Confucius n'est que le nom latinisé par les missionnaires de K'oung Fou tseu (Maître Koung) ou K'oung Tseu, né en 551 à Tseou, dans le royaume de Lou, province actuelle de Chan Toung ; il reçut le nom de K'ieou à cause d'une protubérance qu'il avait sur la tête. Élevé d'abord par sa mère, il perdit son père à l'âge de trois ans ; le jeune K'ieou fut, à l'âge de sept ans, envoyé dans une école tenue par un lettré distingué ; il ne tarda pas à se faire remarquer non seulement par son amour du travail, mais encore par sa gravité précoce, et son maître le choisit pour faire répéter leurs leçons à ses condisciples moins bien doués que lui. A dix-sept ans, il accepta un poste de fonctionnaire inspecteur de la vente et de la distribution des grains. A 21 ans, sa réputation étant devenue grande, il fut nommé inspecteur général des campagnes et des troupeaux, avec mission de réprimer les abus. Pendant quatre ans, il remplit ses fonctions avec un zèle qui lui permettait d'aspirer à de hautes dignités, lorsque la mort de sa mère, à peine âgée de quarante ans, en 528, lui fit prendre une retraite de trois ans, renouvelant ainsi une coutume qui est encore en usage aujourd'hui en Chine. Confucius continua à se perfectionner dans l'étude de la philosophie ; il fit (518) une visite à la ville de Lo (Ho Nan), où l'on place le récit apocryphe de son entrevue avec le célèbre Lao Tseu. En 501, Confucius fut nommé gouverneur de Tchoung Tou, au pays de Lou, poste dans lequel il se distingua tellement que l'année suivante il fut nommé ministre des Travaux Publics, puis de la Justice. La prospérité de l'État de Lou sous la sage administration de Confucius excita la jalousie du roi de Ts'ï ; celui-ci, pour détacher Ting, roi de Lou, de son ministre, lui envoya 80 des plus belles courtisanes de Ts'i et 120 superbes chevaux en présents. L'effet de ce cadeau dangereux ne tarda pas à se faire sentir. Confucius, alors âgé de 54 ans .(497), se décida à quitter le royaume de Lou, où il ne rentra qu'en 484, après avoir voyagé dans les divers États de la Chine. Il mourut en 479, à l'âge de 73 ans.

Sa doctrine est renfermée dans les Livres Classiques ou *King* écrits par lui ou ses disciples ; voici l'énumération de ces *King* qui sont divisés en deux ordres :

I. Cinq Livres canoniques *(Wou King)* du premier ordre ou grands *King* :

1º Le *Yi King*, Explication des *Koua*, de l'empereur Fou Hi.

2º Le *Chou King*, Livre d'Histoire.

3º Le *Che King*, Livre de Poésie.

4º Le *Li Ki*, Livre des Rites.

5º Le *Tch'ouen Ts'ieou*, Annales du Printemps et de l'Automne, Histoire du pays de Lou.

II. Livres canoniques du second ordre ou petits *King* :

1º Les *Se Chou*, ou Quatre Livres, comprennent : le *Ta Hio* ou Grande Science, composé de onze chapitres dont le premier renferme les paroles de Confucius, les dix autres sont de Tseng Tseu, son disciple ; le *Tchoung Young*, ou le Juste Milieu, qui est de Tseu Seu, son petit-fils ; ces deux livres formaient deux chapitres du *Li Ki* ; le *Louen Yu*, conversations entre Confucius et ses disciples ; enfin le *Meng Tseu*, livre du philosophe Mencius.

2º Deux Rituels : *Yi Li* et *Tcheou Li*.

3º Le *Hiao King* ou Livre de la Piété filiale.

4º Les trois anciens Commentaires du *Tch'ouen Ts'ieou*.

5º Enfin le Dictionnaire *Eul Ya*.

La doctrine de Confucius est moins une philosophie qu'une morale ; Confucius qui, jusqu'à nos jours, a marqué de sa forte empreinte personnelle la culture chinoise, fut un administrateur, un fonctionnaire, un homme d'État, en un mot un homme d'action, aussi bien qu'un moraliste ; il est entièrement dépourvu d'originalité ; il a été un collectionneur de faits et non un créateur. La forme orthodoxe du Confucianisme lui a été donnée par le célèbre philosophe Tchou Hi, au XIIe siècle. Suivant le décret, promulgué en 629 par T'ang T'aï Tsoung, un *Wen Miao* ou temple de Confucius doit être construit dans chaque préfecture, sous-préfecture, district, ville de marché, dans tout l'empire ; le temple doit faire face au sud et il se compose de trois cours qui se suivent en général du sud au nord ; le temple proprement dit est appelé la salle de la Grande Perfection, *Ta Tch'eng tien* ; une des cours renfermant la salle des Ancêtres, *Tsoung Cheng Tseu*. Ce qui caractérise les temples de Confucius, ce sont les tablettes qui prirent la place des statues en l'honneur du Sage lui-même.

PIÉTÉ FILIALE. — Un des résultats, le plus grand peut-être, le plus pratique sans aucun doute de l'enseignement confucianiste, est la forme donnée à la *Piété filiale* d'où dérive le *Culte des Ancêtres*. La Piété filiale telle qu'elle est décrite dans le *Hiao King* n'est plus un sentiment naturel que l'on retrouve chez tous les peuples : c'est une doctrine officielle codifiée dont la pratique a fini peu à peu à se restreindre au culte rendu aux ancêtres.

LAO TSEU. — Lao Tseu est né en 604, à K'io jin, dans le royaume de Ts'ou ; gardien des archives, il quitta ses fonctions pour voyager dans l'ouest, le *Si Yu*, et sur la demande de Yin Hi, gardien de la passe *Han kou*, il disserta sur le *Tao*, la Voie ; on lui attribue l'ouvrage *Tao*

Te King, dans lequel il expose sa doctrine philosophique. Cette doctrine pure, abstraite, passive, égoïste et indivi-dualiste, a été transformée par Tchang Tao-ling au pre-mier siècle de notre ère en un mélange de recherches alchimiques, de pratiques de sorcellerie, de superstitions qui composent aujourd'hui le *Tao Kiao*, la religion du Tao, qui a sa hiérarchie religieuse officielle et dont les prêtres sont désignés sous le nom de *Tao Che*.

Ts'IN. — Le chef des Ts'in, tribu jadis considérée comme barbare par les Chinois, Tcheng, fils de Tchouang Siang (249), était né en 259, à Han Tan, capitale du pays de Tchao, dans le Tche Li actuel ; il était, à la fin des Tcheou, le plus important des sept princes qui se parta-geaient l'Empire : Ts'in, Tch'ou, Yen, Tchao, Wei, Han et Ts'i ; le but des Ts'in fut dès lors d'absorber les autres principautés ; ils y réussirent et leur œuvre fut accom-plie par l'annexion de Ts'i en 221 av. J.-C. Ayant ter-miné la conquête de la Chine et réuni tous les États sous son sceptre, Tcheng résolut de consolider l'unité de l'Em-pire en brisant les anciennes divisions territoriales et il divisa son vaste territoire en 36 *kiun*, provinces ou cir-conscriptions. Des anciens titres féodaux, il ne laissa sub-sister que celui de *heou*, marquis. L'orgueil de Tcheng ne connaissant plus de bornes, il prit le titre de Che Houang Ti, le premier Souverain-Empereur sous lequel il est connu dans l'histoire, et ses successeurs devaient être désignés, non par leur nom personnel, mais par le numéro d'ordre de leur règne, c'est-à-dire qu'ils seraient le second, troisième, etc. Souverain-Empereur, mais la lignée s'arrêta brusquement avec le second, Eul Che Houang Ti. Pour mieux assurer encore la gloire de son règne qui devait être le commencement de l'histoire du pays, il était nécessaire d'effacer toute trace du passé, aussi Ts'in Che Houang Ti, en 213, ordonna la destruction des livres, en particulier le *Che King* et le *Chou King* de Confucius. Pour arrêter l'invasion des barbares du nord, les Hioung Nou, qui s'étaient constitués en nation au IIIe siècle de notre ère, Che Houang Ti fit compléter par le général Moung T'ien la Grande Muraille commencée par son père et les princes de Tchao et de Yen (215). Dans le sud, il s'empara d'une partie de l'Annam. Ts'in Che Houang-Ti mourut en 210 à Cha K'ieou, Tche Li, et son corps fut transporté à Hien Yang (Chen Si). Comme je l'ai dit ailleurs, la mégalomanie de Che Houang Ti, dont les résultats furent aussi éphémères que rapides, servit néanmoins à l'expansion de la Chine dont le premier Empereur recula les bornes en écartant de ses frontières les peuples hostiles et répandit le nom dans les pays lointains. Le voyage de Tchang K'ien dans les régions occidentales au siècle suivant, sous Han Wou Ti, est une conséquence des conquêtes de Che Houang Ti ; de même les relations de la Chine avec l'Annam résultent des campagnes dans le sud de l'Empire des Ts'in. Il est probable que le nom de *Sin, Tchin, Sinae, Chine* donné à l'Empire par les Occidentaux vient du nom même de la dynastie Ts'in.

Le prince Hou Haï, fils de Che Houang Ti, fut le second empereur Ts'in (Eul Che Houang Ti) ; trois ans après son avènement, il soulevait le peuple par ses cruautés, et était assassiné. L'Empire est partagé sous la direction suprême de Hiang Yu, roi du Tch'ou occidental, mais celui-ci est défait par Lieou Pang, chef des Han, qui prend le titre d'empereur dans le Ho Nan, le 28 février 202, fondant la dynastie des Han. Toutefois on compte l'année 206 comme la première de Lieou Pang.

HAN. — Pendant la période d'anarchie qui accompagna la chute de Eul Che Houang Ti et la consolidation du pouvoir des Han avec Lieou Pang, nous voyons surgir vingt royaumes dont trois grands et 17 petits.

Lieou Pang, ayant écrasé les révoltés, mourut le 1er juin 195 ; le long règne du sixième souverain de sa dynastie, Wou Ti, est aussi remarquable pour l'histoire intérieure de la Chine que pour l'histoire de son expansion à l'étranger ; on peut dire qu'à son époque se forme la nation chinoise et c'est de son règne que datent véritablement les relations de la Chine avec les pays étrangers.

Au IIIe siècle avant notre ère, deux peuples se disputaient la suprématie dans le nord de la Chine : les Hioung Nou, dont nous avons parlé, dispersés depuis le nord de la province de Chan Si jusqu'au lac Barkoul, et les Yue Tche, qui occupaient la région formant la province actuelle de Kan Sou. Les Hioung Nou, d'abord sujets des Yue Tche, défirent ceux-ci une première fois à la fin du IIIe siècle et une seconde fois en 177. Les Yue Tche, dépossédés, quittèrent leur pays en 165, se rendirent à Koutcha et de là dans la région de l'Ili où étaient établis les Wou Souen, défirent ceux-ci et arrivèrent à l'Issik koul ; ils se divisèrent en deux branches, les petits Yue Tche, qui s'amalgamèrent aux K'iang ou Tibétains, les grands Yue Tche, qui arrachèrent Kachgar (163) aux Sakas qu'ils poussèrent devant eux et arrivèrent dans le Ta Wan (Ferghanah).

Désireux d'obtenir des Ta Yue Tche qu'ils fassent une diversion contre les Hioung Nou, ignorant d'ailleurs que ces Yue Tche avaient déjà quitté la vallée de l'Ili pour descendre vers le sud, Wou Ti chargea en 138 av. J.-C. un de ses officiers nommé Tchang K'ien de se rendre vers eux avec une escorte d'une centaine d'hommes. Mais à peine avait-il commencé son voyage que Tchang K'ien fut capturé par les Hioung Nou et gardé dix années en captivité. Ayant réussi à s'échapper, il gagna le Ferghanah (Ta Wan) où il apprit que les Yue Tche se trouvaient au nord de l'Oxus ; ceux-ci ayant conquis le Ta Hia (Tokharestan) et occupé la capitale Lan Che, Tchang K'ien les y suivit mais ne réussit pas à leur persuader de retourner dans leur pays d'origine pour lutter à nouveau contre les Hioung Nou, d'autres intérêts les retenant dans leurs conquêtes. Tchang K'ien reprit donc la route de Chine (128 av. J.-C.) par le Tibet, mais il fut derechef fait prisonnier par les Hioung Nou et ne put s'échapper que deux ans plus tard. Si Tchang K'ien n'avait pas atteint le but qui lui avait été fixé, son voyage eut cependant des conséquences considérables : tout d'abord l'empereur chercha à se frayer une route vers l'ouest à travers les tribus turkes et tibétaines, ce qui lui fut possible lorsque le général Ho K'iu-ping eut conquis en 121 Kan Tcheou et Leang Tcheou. D'autre part, Tchang K'ien avait remarqué dans la région de l'Oxus des bambous et des étoffes expédiées du Yun Nan et du Se Tch'ouan par la voie de l'Inde (Chen Tou) et de l'Afghanistan ; il préconisa pour se rendre dans l'Occident l'emploi de cette route méridionale, qui permettait d'éviter de traverser la contrée des Hioung Nou.

Une des conséquences du voyage de Tchang K'ien et de la recherche d'une route vers le sud fut la conquête du pays de Kiao Tche (Tong King) qui fut annexé à la Chine sous les Han de 111 av. J.-C. à 39 ap. J.-C., et de 42 à 186 et divisé en trois régions : Kiao Tche (Hanoï), Kiu Tchen (Thanh hoa ?) et Je Nan (Kouang binh). Le Tong King devint le terminus de la route de mer au lieu du Tiao Tche (Golfe Persique), mais fut plus tard dépossédé par Canton.

La lutte contre les Hioung Nou continuait ; le général Ho K'iu-ping († 117 à 24 ans) s'y illustra. En 115, Tchang K'ien faisait un second voyage vers l'ouest et il rapportait de nouveaux renseignements sur le *Si Yu*, c'est-à-dire la région de l'Occident, alors divisée en 36 royaumes.

L'administration des Han, quoique dérivée de celle des Ts'in, avait supprimé la division de l'Empire en *kiun*, et rétabli la division en provinces au nombre de treize. Wou Ti mourut en 87 av. J.-C. ayant régné 54 ans.

Sous l'empereur Ngai, en l'an 2 av. J.-C., un savant nommé King Hien reçut des livres bouddhiques d'un envoyé des Ta Yue Tche qui formaient alors un puissant empire dont la capitale était Lan Che. C'est la première connaissance qu'ait eue la Chine de cette religion originaire de l'Inde.

En l'an 9 ap. J.-C. Wang Mang usurpe le trône ; il fut massacré en 23. L'empereur Kouang Wou transféra la capitale de l'Empire de Tch'ang Ngan à Lo Yang et la dynastie fut dorénavant désignée comme celle des Han Orientaux.

On raconte qu'en 65 ap. J.-C., l'empereur Ming, à la suite d'un rêve, aurait envoyé aux Indes une mission qui en rapporta une statue du Buddha ; cette légende ne paraît pas avoir une base historique. C'est sous le règne de ce prince qu'apparaît le célèbre général Pan Tch'ao qui, s'il ne porta pas ses armées comme certains l'ont dit jusqu'aux bords de la Mer Caspienne, établit dans le Si Yu la puissance de la Chine.

Sous l'empereur Ho, 97 ap. J.-C., le général Pan Tch'ao,

désireux d'ouvrir des relations avec les régions occidentales, envoya un de ses officiers nommé Kan Ying au pays des Tiao Tche, d'où il devait s'embarquer sur le golfe Persique pour le Ta Ts'in ; mais il renonça à son voyage, effrayé de sa durée probable.

En 166, sous le règne de Houan Ti des Han, une mission arriva en Chine envoyée, disait-on, par Antoun, roi de Ta Ts'in (l'empereur Marc Aurèle) ; elle avait à sa tête un marchand syrien qui passa par le Je Nan, apportant des présents. Déjà en 120 des musiciens et des jongleurs étaient venus de Ta Ts'in en Birmanie montrant que des relations existaient par mer entre les deux pays ; ils étaient envoyés par le roi Young-yau-tiao qui régnait dans le pays Chan. Plus tard le Ta Ts'in, empire romain d'Orient, fut appelé Fou Lin. Ptolémée, au second siècle de notre ère, nous dit que la partie inhabitée de notre terre est limitée à l'est par la Terre Inconnue qui s'étend le long de la région occupée par les nations les plus orientales de l'Asie majeure, les *Sinae* à l'est de l'Inde transgangétique et les nations de la *Sérique*. Les auteurs latins nous parlent des Seres, qui fournissaient la soie à Rome ; nous en connaissons la route grâce aux renseignements fournis à Marin de Tyr par le marchand macédonien Maes Titianos.

San Kouo. — Les Han ne surent pas maintenir l'unité de la Chine qui au commencement du IIIe siècle de notre ère se trouva divisée en trois royaumes *(San Kouo)*, époque célèbre dans les Annales et dans la Littérature chinoise : I. Les Han, *Heou Han* (Han Postérieurs) ou *Chou Han* (Han de Chou, Se Tch'ouan), qui comptent deux empereurs et ne subsistèrent que 43 ans (221-265). — II. Les Wei (221-265), qui régnaient à Lo

Yang, dans le Ho Nan, partageant le nord de la Chine en douze provinces. — III. Les Wou, qui divisèrent le sud de la Chine en cinq provinces ; leur Cour fut d'abord à Woú Tch'ang (Hou Kouang), puis à Kien K'ang (Nan King) (222-280). Comme les Wei, ils comptent quatre Empereurs.

Le chef des Han, Lieou Pei, fut aidé par Kouan Yu, devenu dans la suite des temps le Dieu de la Guerre Kouan Ti, et par le célèbre général Tchou-kouo Leang ; le fils et successeur de Lieou Pei, Heou Tchou, fut détrôné par les Wei en 263 ; les Tsin détruisirent ceux-ci en 265 et les Wou en 280.

TSIN. — Les Tsin (Si Tsin, Tsin occidentaux) régnèrent 52 ans, d'abord à Lo Yang, ensuite à Tch'ang Ngan (Si Ngan) ; ils avaient rétabli l'unité de l'Empire. L'empereur Youen transféra sa capitale à Kien K'ang (Nan King) et à partir de 317 on désigne la dynastie comme celle des Tsin orientaux (Toung Sin) qui dura jusqu'en 420, époque à laquelle elle fut renversée par Lieou Yu qui sous le nom de Wou Ti fonda à Kien K'ang la dynastie des Soung (420-479).

NAN PE TCH'AO. — La chute des Tsin et l'avènement de Lieou Yu marquent le commencement de la période connue dans l'histoire de Chine comme celle de Nord-Sud, *Nan Pe Tch'ao*. Tandis que les Soung règnent à Kien K'ang, la Chine septentrionale est divisée en six royaumes ou principautés : Pe Yen, près de Young P'ing, Tche Li, détruit en 436, par les Wei ; Si Ts'in, district de Ping Leang, Chen Si, détruit en 431 par les Hia ; Pe Leang, à Kan Tcheou, aujourd'hui dans le Kan Sou, détruit en 439 par les Wei ; les Wei ; les Si Leang, à Tsieou Ts'iouen, Touen Houang, Kan Sou, détruit en 421 ; enfin Hia, à Hia Tcheou (Ordos), détruit en 431. Le dernier empereur soung, Chouen Ti, abdiqua et fut tué en 479 ; il fut remplacé par Siao Tao-tch'eng qui créa à Kien K'ang la dynastie des Ts'i qui dura jusqu'en 502 et fut dépossédée par Siao Yen (Wou Ti), fondateur des Leang. Cette dynastie fut détruite par Tch'en Pa-sien (557), dont la famille Tch'en régna de 557 à 589.

WEI. — La dynastie étrangère des To-pa ou Toba, les Wei du Nord ou Youen Wei, qui régnèrent à P'ing Tch'eng, puis à Lo Yang, depuis 386, est importante pour l'histoire de la sculpture sur pierre en Chine ; nous en reparlerons au volume des Beaux-Arts. A partir de Hiao Wou Ti, empoisonné en 534, les Wei sont divisés en Wei occidentaux avec leur Cour à Tch'ang Ngan qui durèrent jusqu'en 557 et en Wei orientaux considérés comme usurpateurs, dont le seul empereur Hiao Tsing Ti abdiqua en 550.

SOUEI. — Les Souei détrônèrent en 589 les Tch'en ; déjà ils avaient subjugué en 581 les Pe Tcheou (Tcheou du Nord) du Heou Tcheou qui avaient mis fin en 577 à la dynastie des Ts'i du nord qui depuis 550 régnaient à Ye (Ho Nan). Les Souei, qui une fois de plus avaient reconstitué l'unité de l'Empire, durèrent jusqu'en 618 ; ils ne comptent que quatre princes en 38 ans, mais ils laissèrent cependant une trace assez importante dans les Annales de la Chine. C'est à cette dynastie qu'on fait remonter l'invention des planches xylographiques destinées à l'impression des livres.

Turks. — Nous voyons au XVIe siècle naître la puissance des Tou Kiue ou Turks qui devaient jouer un rôle important dans l'Asie centrale.

Les Turks que les Chinois appelaient *Tou Kiue* étaient sujets des Jouan Jouan, connus en Europe sous le nom d'Avares au cours de la première moitié du VIe siècle de notre ère. En 546, ces Tou Kiue défirent les Tölös qui avaient attaqué les Jouan Jouan ; ceux-ci, ayant refusé de récompenser les vainqueurs, les Turks, avec à leur tête T'ou Men (Bou Min), se tournèrent contre leurs maîtres qu'ils écrasèrent en 552. Ces Turks étaient composés de deux branches, l'une septentrionale ou orientale dite de l'Orkhon, l'autre occidentale, qui s'étaient formées depuis le milieu du VIe siècle, mais dont la séparation politique due aux Chinois qui voulaient les affaiblir date de 582. Le chef des Turks septentrionaux portait le titre de *Qàgan*, tandis que celui des Turks occidentaux était le *jabgou* ; l'ancêtre de ces derniers fut le propre frère de T'ou Men, Che-Tie-mi (Istämi). La ruine des Jouan Jouan rendit les Turks voisins des Huns blancs ou Hepthalites adversaires des Persans dont le roi Khosrou Naochirwan fit alliance avec les Turks et épousa la fille de Che tie mi que les historiens occidentaux appellent Dizaboul ou Silziboul ; les Hepthalites furent les victimes de cette alliance et quand ils perdirent leur suprématie, entre 563 et 567, l'Oxus devint la frontière des alliés ; les Persans Sassanides devenant plus faibles, les Turks annexèrent toutes les possessions des Huns Blancs. Le principal commerce de l'Asie était entre les mains des Sogdiens qui passèrent de la domination des Hepthalites sous celle des Turks et profitant de l'esprit d'entreprise de ces derniers, et avec leur autorisation, désireux eux-mêmes de développer leur commerce, ils envoyèrent à Byzance, où régnait l'empereur Justin II, une ambassade. Les intrigues des Turks amenèrent une guerre entre les Romains et les Sassanides (571-590), qui en affaiblissant les deux pays les rendit incapables de s'opposer à la puissance grandissante des Arabes auxquels la victoire de Yarmouk (20 août 636) livra la Syrie. Maîtres de la situation, les Arabes se tournèrent contre les Persans qui furent battus à Nehavend et leur roi Yezdegerd III fut obligé de fuir en Chine. Dès 630, commença la décadence des Turks. L'empereur T'aï Tsoung, des T'ang, après avoir écrasé les Turks septentrionaux, attaqua, avec l'aide des Ouighours, les Turks occidentaux qu'il subjugua en 659.

T'ANG. — Les Souei furent renversés en 618 par Li Youen qui créa la célèbre dynastie des T'ang qui dura jusqu'en 907. Li Youen, qui régna sous le nom de Kao Tsou, abdiqua en 626 en faveur de Li Che-min, le grand empereur T'aï Tsoung, qui étendit au loin la gloire du nom chinois. Les Chinois recouvraient une partie de leur influence en Asie centrale : Les Karlouk paraissent avoir succédé aux Turks comme influence dans l'Asie centrale. Les Tibétains T'ou fan, alliés des Arabes sur le Jaxartes, recevaient en revanche leur aide à Kachgar dont ils s'emparèrent, fermant ainsi aux Chinois la route du Pamir, malgré l'expédition victorieuse conduite en 747 par le général Kao Sien-tche au Gilgit à travers les passes de Baroghil et de Darkot. La puissance tibétaine atteignit son apogée au VIIIe siècle quand ils occupèrent Tch'ang Ngan, la capitale chinoise ; elle déclina lorsque les Ouighours se furent emparés de tout le pays entre Pei t'ing et Aksou.

Ouighours. — Les Ouighours étaient de race turke, d'un ancêtre descendant des anciens Hioung Nou ; à l'époque des Wei postérieurs, ils étaient sujets des Tou Kiue et connus sous le nom de *T'ie le* (Tölös), vivaient sur les bords de la Selenga ; au milieu du VIIe siècle, leur chef P'ou sa se révolta contre les Tou Kiue septentrionaux, défit leur chef Hie-li qagan ; en 646, les Ouighours envoyèrent une ambassade en Chine. Sous T'ai Tsoung, les Ouighours formèrent la préfecture de Han Hai, et leur chef T'ou mi fut placé à sa tête. Leur puissance continua d'augmenter depuis le commencement du VIIIe siècle ; d'abord nommés par les Chinois *Houei Ho*, ils furent ensuite désignés comme *Houei Hu*, et *Wei wou eul* ; les Tibétains paraissent les avoir appelés *Dru gu*.

Les Ouighours donnèrent un développement inattendu au Manichéisme, religion de Mo-ni ou de Ma-ni, sur laquelle les fouilles opérées dans l'Asie centrale et à Touen Houang, sur la frontière de Chine, dans les dernières années, ont jeté un jour tout à fait nouveau. Il semblerait que le premier pélerin manichéen venu de Ta Ts'in, l'Empire romain d'Orient, soit arrivé en Chine en 694, et la première mention qui est faite de la religion de Mo-ni, dans les livres chinois, l'a été par le fameux voyageur bouddhiste Hiouen Tsang au VIIe siècle ; mais nous savons qu'un astronome manichéen arriva en Chine dès 719 et qu'à partir de cette date sa religion exerça une grande influence sur l'astronomie chinoise. Le Manichéisme eut d'ailleurs de redoutables adversaires et, par un édit de 732, l'empereur Hiouen Tsoung déclara sa doctrine perverse se dissimulant sous le nom de bouddhisme. Sous le règne de Sou Tsoung, successeur de Hiouen Tsoung († 3 mai 762), des troubles éclatèrent, et les Ouighours pénétrèrent à Lo Yang qu'ils pillèrent et qu'ils ne quittèrent qu'en novembre 763 ; dans cette ville ils rencontrèrent quelques Manichéens qui convertirent à leur foj le chef qui emmena avec lui quatre prêtres quand il se retira. L'influence des Manichéens déclina avec la puissance des Ouighours dont la capitale sur l'Orkhon fut prise en 840 par les Kirghiz qui prétendaient descendre du général chinois Li Ling capturé par les Hioung Nou en 99 av. J.-C. Les Ouighours avaient eu pour capitales Kao Tch'ang, Khotcho ou Idiqout Chahri, près de Tourfan et Kara Balgasoun sur la rive gauche de l'Orkhon ; leur écriture, d'où dérive le mandchou, provenait sans doute du sogdien, et non de l'estranghelo, auquel elle était apparentée.

Il y eut de bonne heure des relations entre les Arabes et la Chine dont Mahomet a connu le nom ; il semble que la première mention positive de ces relations remonte à la première moitié du Ve siècle de notre ère, époque à laquelle l'Euphrate était navigable jusqu'à Hira, d'où le commerce descendit à Al-Ubullah (l'antique Apologos), puis à Bassorah, bâti par le khalife Omar, puis à Siraf sur les bords du golfe Persique, à l'île de Kish et enfin à Hormouz. A l'époque des T'ang (618-907), les jonques chinoises s'y rendaient de Canton. Les Arabes étaient connus des Chinois sous le nom de *Tazi* ou de *Ta shi*, transcription du persan, ce qui semblerait prouver la priorité des voyages des Persans. A l'époque des Soung (960-1272), les Musulmans étaient connus en Chine sous les noms de *Houei Houei*, ou de *Houei Ho* et de *Houei Hu* qui étaient donnés aux Ouighours sous les T'ang. Les Arabes avaient de bonne heure une factorerie à Canton ; ils fréquentaient les ports de la côte de la Chine, en particulier Zaïtoun (Ts'iouen tcheou), dans le Fou Kien, et Hang Tcheou (Khan fou), dans le Tche Kiang ; ils connaissaient Si-ngan sous le nom de Khoumdan.

Les empereurs T'ang tombèrent vite en décadence et, à la fin du VIIe siècle, une femme, la trop célèbre Wou Tche t'ien (Wou Heou), femme de Kao Tsoung, exerça le pouvoir depuis 684 ; elle mourut en 705. Le dernier des empereurs Tchao Siouen Ti abdiqua en 907 en faveur de Tchou Wen. La période des T'ang a une importance capitale pour l'art, la littérature et le bouddhisme ; nous y reviendrons.

Wou Tai. — Une période d'anarchie de cinquante-trois ans qui succéda à la longue administration des T'ang est désignée dans l'histoire de la Chine sous le nom de Wou Tai, les « Cinq Familles », ou « Cinq Dynasties », ou de Heou Wou Tai, les « Cinq Familles postérieures », pour les distinguer des Ts'ien Wou Tai, les « Cinq Familles antérieures » qui régnèrent entre les Tsin et les T'ang. Ces Cinq Familles, qui n'ont d'ailleurs exercé l'autorité que sur une partie de la Chine, sont par ordre de succession les Heou Leang (907) avec Tchou Wen, à K'ai Foung, puis à Lo Yang, les Heou T'ang (923), à Wei Tcheou (Tche Li) puis à Lo Yang, les Heou Tsin (937), à Lo Yang puis à K'ai Foung, les Heou Han (947), à K'ai Foung (Pien Tcheou) et les Heou Tcheou (951), à K'ai Foung.

Il faut avouer que cette période de l'histoire de Chine n'offre qu'un médiocre intérêt avec ces chefs qui convoitent le titre d'Empereur, guidés uniquement par leur ambition.

Le dernier empereur des Han postérieurs, Koung Ti, un enfant, abdiqua en 960 en faveur de Tchao K'ouang-yin qui inaugura la grande dynastie des Soung. L'empire était menacé au nord par les Tartares orientaux *K'i tan*, d'origine toungouse, qui avaient établi dans la Chine septentrionale un état dont le fondateur appartenant à la famille Ye liu se nommait Apaoki. En 937, Te Kouang (T'ai Tsoung), qui porta à partir de cette date le *nien hao* de Houei T'oung, donna à sa dynastie le titre de Leao ; la capitale des Leao était Leao Yang, dans le Leao Toung, puis transférée par A-pao-ki à Yen King (Pe King). Les Leao furent dépossédés en 1125 par une autre tribu toungouse, les *niu tche* ou *niu tchen*, qui durèrent jusqu'à la conquête mongole (1234). D'abord tributaire de la Corée, Hien phu la rendit indépendante ; son sixième successeur, Oukounaï, en fut le premier vrai chef (1021) ; Agouda (O-ko-taï), cinquième successeur d'Oukounaï, est le fondateur de la dynastie des *Kin* (1113) avec le *miao hao* de T'aï Tsou.

Les Leao, chassés par les Niu Tchen, se retirèrent vers l'ouest, dans la Kachgarie, où ayant dépossédé les Karakhanides, ils fondèrent la dynastie des Kara K'itaï. Cinq souverains ont appartenu à cette dynastie, dont le dernier Tche lou kou (1168) fut détrôné (1199) par son gendre Koutchlouk, chef des Naïmans, tribu turke, conquise à son tour par les Mongols.

SOUNG. — Le fondateur de la dynastie des Soung, Tchao K'ouang-yin, l'empereur (T'aï Tsou) qui régna de 960 à 976, n'était qu'un bon militaire, mais il montra de grandes qualités administratives et il réussit à reconstituer en grande partie l'unité de l'Empire, moins les États Leao.

MONGOLS. — A la fin du XIIe siècle, l'Extrême-Orient allait entre les mains d'une nouvelle puissance, les Mongols, subir une nouvelle transformation et recouvrer son unité. Le fils du chef Yesoukai, Temoudjin, né en 1162, subjugua ses voisins de l'Orkhon et de la Toula, les Merkites, les Keraïtes, les Naïmans, et en 1206 il convoqua près des sources de l'Onon une assemblée générale de ses tribus où il prit le titre de Tchinguiz Khan (puissant Khan) dont nous avons fait Gengis Khan. Cinq fois il envahit le royaume de Hia (Tangout) dont il termine la conquête ; il détruit (1220-1221) le puissant empire de Khwarezm qui s'étendait du nord-ouest de l'Inde à la mer d'Aral ; ses troupes envahissent l'Europe orientale ; il allait attaquer la Chine, déchirée par la lutte entre les Kin et les Soung, lorsqu'il meurt le 18 août 1227. Son 4e fils, Touloui, fut chargé de la régence jusqu'à l'arrivée de son second fils, Ogotaï, désigné par son père comme deuxième Grand Khan. A la mort de Tchinguiz khan, son immense empire s'étendait, à l'ouest, au delà de la mer Caspienne et de la mer Noire, jusqu'à la Bulgarie, la Serbie, la Hongrie et la Russie ; à l'Est jusqu'à la mer Orientale, y compris la Corée ; au Sud il était borné par les débris de l'empire Kin, le Tibet, l'empire de Delhi et ce qui restait de l'empire Khwarezmien. Sous la haute direction d'Ogotai, deuxième Grand Khan, les vastes possessions de Tchinguiz furent réparties entre ses quatre héritiers : l'aîné Djoutchi étant mort, le fils de celui-ci, Batou, occupa les pays à l'ouest de la mer Caspienne ; le second Djagataï eut l'Asie centrale, c'est-à-dire la région qui s'étend du Lob Nor jusqu'à Boukhara, avec Al Maliq comme capitale ; Ogotaï eut l'Asie orientale composée principalement de la Chine ; enfin, Tou loui obtint les terri-toires d'Extrême-Orient conquis ou à conquérir. La capitale de Tchinguiz khan était Karakoroum que les Chinois appellent Holin, entre l'Orkhon et le Kokchin (ancien)

Orkhon ; son emplacement est aujourd'hui occupé par le monastère d'Erdeni Tchao. Ogotaï († 1241) qui continue les campagnes de son père, met fin à la dynastie des Kin (1234) aidé par les Soung qui ne se rendaient pas compte qu'ils préparaient leur propre ruine ; son général Souboutaï envahit encore l'Europe (1236) et écrase à Wahlstatt, près de Liegnitz, les forces chrétiennes réunies par Henri le Pieux, duc de Silésie (9 avril 1241). A la mort d'Ogotaï, la régence fut exercée par l'impératrice Tourakina qui assura le pouvoir à son fils Kouyouk qui mourut prématurément en 1248. Grâce à l'influence de Batou, fils de Djou tchi, et à l'influence de la princesse Siourkoucteni, veuve de Tou Loui, Mangkou, fils aîné de cette dernière, est élu Grand Khan, à l'exclusion d'un descendant de Djagataï. Son frère, K'oublaï, fait la conquête du Yun Nan (1253) ; un autre frère, Houlagou, détruisit la puissance du Vieux de la Montagne (1256) et s'empara de Baghdad (10 février 1258), mettant fin à la dynastie des Abbassides, fondant la dynastie des Ilkhans mongols de l'Iran. Ces princes mongols étaient extrêmement libéraux, et nous avons aux Archives nationales à Paris des pièces qui témoignent des relations de deux d'entre eux, Arghoun et Oeldjaïtou avec le roi de France, Philippe le Bel. Mangkou est tué à la 7e lune de 1259, au siège de Ho Tcheou, au Se Tch'ouan ; il avait transféré sa capitale de Karakoroum à K'aï P'ing (depuis Chang Tou).

Mangkou fut remplacé par son frère, K'oublaï, le plus grand des Khans mongols et le premier empereur de la dynastie mongole qui reçoit le nom de Youen (1280). Il écrase d'abord une rébellion de son frère Arik Bouga ; en 1267, il entreprend la construction au nord-est de Yen King, capitale des Kin, d'une nouvelle ville, emplacement du Pe King actuel, connue sous le nom de Khan Baliq, ville du Khan, que les voyageurs occidentaux appelèrent Cambalech, Cambalu, etc., au Moyen-Age. En 1271, elle fut nommée Ta Tou ou T'aï Tou (Grande Cour) pour la distinguer de Chang Tou (Cour supérieure). K'oublaï eut à lutter contre son parent Kaïdou et, en 1279, il mit fin à la dynastie des Soung : ceux-ci, chassés de K'aï Foung (Ho Nan), s'étaient réfugiés avec Kao Tsoung (1127) à Lin Ngan (Hang Tcheou) dans le Tche Kiang, désignés à partir de cette date comme les Nan Soung (Soung méridionaux). En revanche K'oublaï, en 1274 et en 1281, entreprit contre le Japon deux expéditions désastreuses ; il fut plus heureux contre le Mien (Birmanie) dont ses généraux écrasèrent les troupes à Nga çaung khyam (1277). K'oublaï mourut en 1294, âgé de 80 ans, dans sa résidence de Ta Tou ; il fut surtout administrateur.

Un des phénomènes les plus intéressants de leur histoire est le changement qui s'opère dans la manière de vivre des Mongols. A partir de Mangkou commence et sous K'oublaï s'achève la transformation des tribus nomades en un peuple stable. Après la mort du cinquième Grand Khan commence en Chine la décadence de la puissance mongole qui sera plus rapide encore dans les autres parties de leur vaste empire. Le Mongol chinoisé a perdu les vertus qui lui étaient propres sans gagner celles de celui qu'il a vaincu, et il ne tardera pas à n'offrir à ceux qui devinent sa faiblesse et l'attaquent qu'une cible trop accessible à tous les coups de la fortune adverse. Neuf empereurs succèdent à K'ou blaï : Timour (Tch'eng Tsoung), † 1307 ; Hai Chan (Wou Tsoung), † 1311 ; Aïyulipata (Bou yan tou, Jen Tsoung), † 1320 ; Choutipala (Ying Tsoung), † 1323 ; Yesoun Timour (T'aï Ting Ti), † 1328 ; Hochila (Ming Tsoung), † 1329 ; Tou Timour (Wen Tsoung), † 1332 ; Ilintchepan

(Ning Tsoung), † 1332 ; enfin T'o Houan Timour (Chouen Ti ou Houei Tsoung), le dernier empereur mongol de Chine s'enfuit en 1368 devant le Chinois Tchou Youen-tchang et meurt deux ans plus tard.

On peut dire que c'est sous la dynastie mongole que la Chine a été véritablement révélée à l'Europe. Les premiers souverains Mongols, barbares, après avoir terrorisé toute l'Asie et une grande partie de l'Europe, se sont mués sous leurs derniers Grands Khans en des princes accessibles, sans les adopter, aux idées occidentales, et les voyageurs européens, libres de se rendre dans l'Extrême-Orient, nous en ont rapporté les premières notions exactes que nous en ayons possédées. Au moment des croisades, au XIIe siècle, naquit la légende du Prêtre Jean, souverain de l'Asie centrale, chrétien ; ce Prêtre Jean était en réalité le chef des Ongut, la principale des tribus Cha T'o qui sous le nom de Heou T'ang ont régné en Chine de 923 à 936 et ont été dispersés par les K'i Tan ; ce Prêtre Jean était bien chrétien, mais chrétien nestorien. Pensant qu'il pourrait servir d'intermédiaire entre les chrétiens d'Occident et ceux d'Extrême-Orient, à la suite du Concile de Lyon (1245), le pape Innocent IV envoya aux Tartares tout d'abord le franciscain Jean du Plan Carpin (1247), puis les quatre dominicains Ascelin, Simon de Saint Quentin, Albéric et Alexandre (1247) ; une autre mission fut envoyée à Karakoroum avec le cordelier Guillaume de Rubrouck par saint Louis (1248). Le connétable d'Arménie, Sempad (1248) et le roi même de la Petite Arménie (Cilicie) en 1254 visitèrent la Cour du Grand Khan. Le véritable fondateur de la mission de Chine fut le franciscain Jean de Monte-Corvino, envoyé à Khan Baliq en 1289 par Nicolas IV, avec des lettres pour Arghoun Khan, en Perse, et K'oublaï à Khan Bâliq. Nous apprenons par une lettre de Monte Corvino, datée de cette ville en 1305, qu'il était resté seul au Cathay pendant onze ans ; et que deux ans avant sa lettre, un frère Arnold, de Cologne, était venu le rejoindre ; il serait donc arrivé en Chine en 1292, c'est-à-dire avant la mort de K'oublaï ; le succès de la mission de Monte-Corvino fut si grand, qu'en 1307 Clément V lui envoya sept frères mineurs, ayant rang d'évêques, pour le sacrer comme archevêque de Khan Baliq et primat de tout l'Extrême-Orient ; seuls André de Pérouse, Gérard et Peregrin arrivèrent à Pe King en 1308 et consacrèrent Monte-Corvino en grande pompe. Successivement les trois missionnaires furent évêques de Zaïtoun (Ts'iouen Tcheou) au Fou Kien. En 1312, Clément V envoya trois autres suffragants à l'archevêque de Pe King, les frères Thomas, Jérôme et Pierre de Florence. Ce Jérôme fut nommé, en 1320, évêque en Crimée. Monte-Corvino mourut vers 1328. Ce fut un Français, ancien professeur à la Faculté de Paris, Nicolas, qui le remplaça ; il était arrivé en Chine avec vingt-six moines et six frères laïques. En novembre 1338, Benoît XII envoya en Chine, où ils arrivèrent en 1342, quatre franciscains : Nicolas Bonnet, professeur de théologie, Nicolas de Molano, Jean de Florence, et Grégoire de Hongrie; Jean de Florence revint à Avignon en 1353. De grands efforts avaient été faits aussi dans l'Asie centrale ; une mission franciscaine fut établie dans le territoire d'Ili, et son chef, Richard de Bourgogne, nommé évêque d'Ili Bâliq, avait avec lui les moines Pascal de Victoria, François d'Alexandrie, Raymond Ruffi, et deux frères laïques : Pierre Martel, de Narbonne, et Laurent d'Alexandrie. Cette chrétienté fut détruite en 1342. Cependant le Saint-Siège pourvoyait avec ardeur aux besoins sans cesse renouvelés de la mission de Pe King. En 1370, Ur-

bain V envoyait de nouveaux missionnaires ; Guillaume d
Prato, professeur à l'Université de Paris, était nommé arch
vêque de Pe King. Ces religieux furent bientôt suivis d
soixante autres ; en 1371, François de Podio, surnomm
Catalan, fut envoyé en Chine comme légat apostolique av
douze compagnons, mais on n'entendit jamais plus parl
d'eux. Aux Mongols tolérants, avait succédé la dynast
chinoise des Ming et les progrès du christianisme fure
arrêtés pendant près de deux cents ans ; la mission d
Zaïtoûn et les autres chrétientés du Fou Kien et du Tch
Kiang n'avaient pas plus que celles de Khan Bâliq et d'I
Bâliq échappé à la destruction ; en 1362, Jacques de Fl
rence, cinquième évêque de Zaïtoûn, probablement su
cesseur de Pierre de Florence, fut massacré par les Chino
Les franciscains observantins, avec le P. Pedro d'Alfar
gardien des Philippines, de la province de Saint Joseph,
à Séville, et les P.P. Jean-Baptiste, de Pesaro en Ital
Sébastien de Saint-Francisque, et Augustin de Tordesilla
ne revisitèrent la Chine qu'en 1579.

De nombreux marchands visitaient aussi l'Asie orienta
et parmi eux nous citerons le célèbre voyageur véniti
Marco Polo, fils de Nicolo et neveu de Maffeo, qui avaie
fait un premier voyage à la Cour du Grand Khan K'oub
et avaient été chargés par celui-ci de lui ramener un gra
nombre de missionnaires pour évangéliser ses sujets, pa
avec son père et son oncle en 1271. D'Aias, les Polo passère
par Sivas, Mardin, Mosoul, Baghdad, Hormouz, où, au li
de prendre la mer, ils remontèrent à Kirman, au Khorasâ
à Balkh, traversèrent le Badakhchan, franchirent les Pam
passèrent à Kachgar, Yarkand, Khotan, atteignirent le L
Nor, pénétrèrent au Tangout, et parvinrent enfin à la Co
du Grand Khan en mai 1275.

Les voyageurs furent bien accueillis par K'oublaï qui prit en amitié le jeune Marco à cause de sa bonne humeur, de son habileté à raconter des anecdotes et de son intelligence et il ne tarda pas à utiliser ses talents dans différentes missions, dont la première sans doute conduisit le jeune Vénitien au Chan Si, Chen Si, Se Tch'ouan, Yun Nan, probablement entre 1277 et 1280. Il est présumable que Marco occupa aussi différents postes ; lui-même nous dit que, pendant trois années, il fut gouverneur de la grande ville de Yang Tcheou.

Cependant les Vénitiens, fatigués de leur long exil, craignant, d'autre part, les complications qui pouvaient surgir à la mort du Grand Khan, auraient bien voulu regagner leur patrie, mais K'oublaï faisait la sourde oreille à leurs discrètes allusions à ce désir de quitter la Cour. Il fallut une circonstance fortuite pour qu'il leur fût permis de réaliser leurs projets. Le souverain de Perse, Arghoun, petit-neveu de K'oublaï, perdit en 1286 sa femme favorite, la Khatoun Bouloughan, et suivant le vœu de celle-ci, il envoya des ambassadeurs chercher une nouvelle épouse dans la famille du Grand Khan, qui fit choix de la princesse Kokatchin, âgée de dix-sept ans. Les Polo ayant gagné les bonnes grâces des ambassadeurs, ceux-ci demandèrent à être accompagnés par eux dans le voyage de retour ; le vieux Khan accorda son consentement à grand'peine, mais il stipula que les Vénitiens reviendraient après avoir accompli leur mission.

Le long voyage par mer entrepris pour conduire la princesse mongole à son fiancé nous a valu quelques-uns des plus importants chapitres du récit de Marco. Il fut d'ailleurs accidenté ; embarqués à Zaïtoun, au commencement de 1292, la princesse, les trois envoyés de Perse et la famille Polo furent obligés par le mauvais temps de faire un long séjour à Sumatra ; ils passent au sud de l'Inde ; deux des ambassadeurs meurent en cours de route et, lorsque la princesse arrive en Perse, elle apprend la mort d'Arghoun le 7 mars 1291 et l'avènement de son frère Kaikhatou ; Kokatchin épousa le fils de son fiancé Ghazan, de physique assez ordinaire, — tandis qu'Arghoun passait pour un des plus beaux hommes de son temps, — mais en revanche fort intelligent. La princesse se sépara avec tristesse de ses compagnons de voyage, qui poursuivant leur route, arrivèrent à Tabriz, et enfin, par Constantinople, à Venise en 1295.

Marco, fait prisonnier à la bataille de Curzola sur la côte de Dalmatie (7 sept. 1298) par Lamba Doria, dicta dans sa prison de Gênes en français à Rusticien de Pise le récit de ses voyages ; il est mort à Venise probablement en 1325.

MING. — Tchou Youen-tchang, le fondateur de la dynastie chinoise des Ming, qui de bonze était devenu général, vainqueur de ses rivaux, monta sur le trône sous le nom de Houng Wou (1368) ; son premier soin fut de briser les dernières résistances des Mongols et de refaire l'unité de l'Empire ; on peut dire qu'il y réussit. Le caractère de Houng Wou se modifia avec l'âge. Lorsqu'il n'était encore qu'un général victorieux, Tchou Youen-tchang avait gagné tous les cœurs par sa clémence. Devenu Houng Wou, il se laissa entraîner à des cruautés qui ont terni sa réputation dans les dernières années de son règne. Malgré tout, Houng Wou fut un des grands souverains de la Chine, dont il chercha à étendre au loin le prestige et l'influence que lui avaient valus les succès de ses armes.

Quand il mourut en 1398, il commit la faute de désigner pour son successeur son petit-fils Tchou Yun-wen qui monta sur le trône sous le nom de Kien Wen Ti. Les oncles du jeune souverain, et en particulier Tchou Tai, prince de Yen, se montrèrent fort irrités de ce choix. Le nouvel empereur se débarrassa de ses parents, sauf du dernier, qui leva l'étendard de la révolte et de sa résidence Pe King, marcha contre les troupes impériales qu'il battit. Kien Wen Ti s'enfuit, déguisé en bonze, menant une vie errante, tandis que Yen, proclamé empereur, prenait le *nien-hao* de Young Lo.

Le premier empereur Ming, Houng Wou, fixa sa capitale à Kiang Ning (Nan King, Cour du Sud), mais pour des raisons politiques, son second successeur, Young Lo, transféra de nouveau la capitale de Nan King à l'ancien Ta Tou des Mongols qu'il nomma Chouen T'ien et qui devint Pe King (Cour du Nord). C'est là qu'il reçut la visite des ambassadeurs de Chah Rokh, fils de Tamerlan (1419-1421).

Tcheng Ho. — Dans le double but d'augmenter au loin le prestige du nom chinois et de rechercher les traces de son neveu Kien Wen Ti, Young Lo expédia l'eunuque Tcheng Ho dans les royaumes de l'Océan occidental en 1405 ; il revint en 1407 ; les années suivantes, Tcheng Ho accomplit d'autres missions, dont la septième et dernière eut lieu en 1430 ; rentré en 1435, il mourut peu de temps après.

Il est bien rare dans l'histoire de la Chine qu'à la suite du fondateur de la dynastie, souvent un chef militaire heureux, vienne une lignée de princes de valeur ; le fondateur semble avoir concentré en lui toutes les qualités essentielles à un meneur de peuples, n'en laissant guère à ceux qui devaient continuer et consolider son œuvre. Que de fantoches dans cette liste fastidieuse de noms que l'histoire inscrit dans ses Annales, mais que la mémoire ne retient pas. Cette dynastie purement chinoise des Ming intercalée entre deux dynasties étrangères, les Youen et les Ts'ing, n'a laissé aucun souvenir dans la mémoire du peuple chinois qui se rappelle encore des Han Jen ou des T'ang Chan avec reconnaissance.

Sous le dernier Ming, Tchouang Lié Ti, monté sur le trône en 1628, un chef hardi, Li Tseu-tch'eng, se révoltait et s'emparait de Pe King, tandis que le malheureux souverain, abandonné de tous, sauf d'un serviteur dévoué, s'étranglait dans son pavillon ou se pendait avec sa ceinture à un prunier du Mei Chan le 19 de la 3e lune (1644).

Mais si l'histoire personnelle des empereurs Ming n'offre que peu d'intérêt, il n'en est pas de même de l'histoire de leurs relations avec les étrangers qui, à partir du début du XVIe siècle, visitent les ports de Chine.

PORTUGAIS. — C'est en effet sous les Ming que commencèrent à l'époque moderne les relations des étrangers avec la Chine. Les Portugais ouvrirent la route. Sous l'impulsion du prince Henri, surnommé le Navigateur, quatrième fils du roi Jean Ier, fondateur de la dynastie d'Avis, après la prise de Ceuta en 1415, les Portugais s'avancèrent le long de la côte occidentale d'Afrique : à Madère, au cap Bojador jusqu'au cap des Tempêtes, plus tard le cap de Bonne-Espérance, qu'atteint en 1486 Barthelemy Dias qui le dépassa même. Le 22 novembre 1497, Vasco de Gama doublait sans difficulté ce cap redoutable, pénétrait dans l'Océan Indien, remontait à Mélinde d'où il se rendait à Calicut aux Indes. L'Islam était maître de l'Océan Indien par ses cinq forteresses d'Aden, à l'entrée de la mer Rouge, d'Hormouz, à l'entrée du golfe Persique, de Diu, au sud de la presqu'île de Gouzerat, de Calicut, sur la côte du Malabar, et enfin de Malacca, à l'extrémité de la Péninsule malaise. A la suite des intrigues de la République de Venise — dont le commerce méditerranéen se trouvait lésé par l'ouverture de la nouvelle route du Cap — avec le Soudan d'Égypte et ses alliés, les rois de Calicut et de Cambaye, le roi de Portugal envoya en mars 1505 une grande expédition commandée par Francisco de Almeida, premier vice-roi des Indes, qui, le 3 février 1509, écrasa devant Diu les flottes des trois coalisés. Almeida fut remplacé par Alphonse de Albuquerque qui continua son œuvre et s'empara de Malacca (août 1511), dont la chute permit aux Portugais d'entamer des relations avec les pays d'Extrême-Orient. Ils arrivèrent en Chine, à Canton, dès 1514 ; en 1516, Rafael Perestrello s'y rendait sur une jonque malaise ; la même année, Fernão Peres d'Andrade visita le Tchampa et Poulo Condor et l'année suivante il allait, accompagné du pharmacien Pirès, envoyé du Portugal, avec quatre navires, pénétrer à Canton en septembre 1517 ; les succès obtenus par Fernão d'Andrade furent compromis par son frère Simon qui fut obligé de fuir de Chine en septembre 1520 ; Pirès, qui avait pénétré dans l'intérieur du pays, périt dans les prisons de Canton. Une flotte portugaise, commandée par Mello Countinho, fut dispersée par les Chinois en 1522.

Des établissements créés au Tche Kiang, à Liampo, et au Fou Kien, à Tchang Tcheou, furent détruits en 1545 et en 1549. Les Portugais s'établirent à l'entrée de la rivière de Canton à Macao dans l'île de Hiang Chan, en 1553.

Espagnols. — D'autre part les Espagnols ne restaient pas inactifs : les « rois catholiques » Ferdinand d'Aragon et Isabelle de Castille avaient fait l'unité de l'Espagne en écrasant la puissance arabe à Grenade (1492) ; la même année, Christophe Colomb leur donnait un monde nouveau. Convaincus que la route des Indes était découverte, les rois catholiques s'adressèrent à Alexandre VI pour obtenir donation des nouvelles terres découvertes ; le pape accéda à leur demande par ses bulles de mai 1493, fixant la limite des possessions portugaises à *cent* lieues à l'ouest des Açores et du Cap Vert. Le traité de Tordesillas, le 7 juin 1494, entre le Portugal et l'Espagne, établissait la ligne de démarcation entre les deux puissances qui n'avaient pas prévu que marchant l'un vers l'est, l'autre vers l'ouest, la terre étant ronde, les deux puissances devaient fatalement se rencontrer.

C'est ce qui arriva lors de la circumnavigation de Magellan qui mit à la voile le 20 septembre 1520, traversa au sud de l'Amérique le détroit qui porte aujourd'hui son nom et pénétra dans le Grand Océan où il fut tué en face de Cebú, dans l'île de Mactan par les indigènes qu'il avait attaqués imprudemment (27 avril 1521) ; la flotte, privée de son chef, rentra en Espagne par le cap de Bonne-Espérance sous la conduite de Sebastien del Cano. Plus tard, les Espagnols, maîtres du Mexique, envoyèrent une expédition dans le Grand Océan sous le commandement de Legazpi, qui s'empara de l'archipel baptisé Philippines d'après le roi Philippe II et fonda la ville de Manille (1572). A la suite de la conquête des Philippines, les Espagnols entamèrent des relations avec la Chine et envoyèrent au Fou Kien les pères Martin de Rada et Jerónimo Martin (1575). Pendant soixante ans, d'ailleurs, le Portugal, annexé par Philippe II (1580), resta sous le joug espagnol.

Angleterre. — Depuis l'avènement de la maison de Tudor et d'Henri VII, l'Angleterre cherche à se frayer une route vers les Indes et l'Extrême-Orient ; la route du cap de Bonne-Espérance étant barrée par les Portugais, elle cherche vers le nord-ouest et vers le nord-est un passage qui la conduise dans ces régions éloignées, mais elle ne réussit qu'à découvrir des terres nouvelles. La destruction de la grande flotte espagnole, l'*Invincible Armada*, en 1588, lui donnait la liberté des mers, tandis que la capture de la caraque portugaise *Madre de Deos* (7 septembre 1592) lui dévoilait le mystère du commerce des Indes. En 1596, les Anglais entreprirent leur premier voyage vers la Chine avec un caractère officiel. Trois navires, sous les ordres du capitaine Benjamin Wood, *The Bear*, *The Bear's Whelp* et le *Benjamin*, avaient été équipés par les marchands de Londres, Richard Allen et Thomas Bromfield, aux frais de Sir Robert Dudley principalement ; une lettre de la reine Élizabeth (16 juillet 1596) à l'Empereur de la Chine était remise aux deux marchands. L'expédition se termina d'une manière mystérieuse et tragique. Leur premier établissement dans l'Extrême-Orient fut créé par le capitaine Saris, commandant le huitième voyage de l'*Old Company* qui, parti en 1611, établit en 1613 une agence à Firando que les mauvais procédés des Hollandais l'obligèrent à fermer. A la fin du XVIIe siècle deux Compagnies anglaises exploitaient le commerce d'Extrême-Orient : l'*Old Company* et l'*English Company*, créée en 1698, qui furent réunies en 1708-1709 en une seule qui fut *The Honourable East India Company*, qui dura jusqu'à la suspension de son privilège en 1858.

HOLLANDE. — Grâce à des renseignements puisés à Lisbonne en 1594 par Cornelis van Houtman, d'Alkmaar, une *Compagnie des Pays lointains* organisa en 1595 une expédition aux îles de la Sonde ; plusieurs autres Compagnies furent créées qui furent toutes amalgamées en 1602 en une seule Compagnie Hollandaise des Indes Orientales qui, en 1609, établit avec Jacques Speckx une factorerie à Firando au Japon. En 1619, la capitale des Hollandais dans les îles de la Sonde fut transférée par Coen d'Amboine à Jacatra, qui prit le nom de Batavia. En 1622, une expédition, commandée par Cornelis Reyersz, après avoir échoué devant Macao, s'empara des îles P'ong Hou ou Pescadores dans le chenal de Formose, mais, en août 1624, les Hollandais furent obligés par les Chinois à transférer leur établissement en face, à T'aï Wan, qu'ils occupèrent jusqu'en 1661.

MANDCHOUX. — Le triomphe de Li Tseu-tch'eng fut de courte durée : le général Wou San-kouei, qui gardait à Chan Haï kouan la frontière contre les Mandchoux, appelle ceux-ci qui accourent, s'emparent de Pe King, mais, au lieu de rétablir les Ming, s'installent à leur place, créant une nouvelle dynastie, celle des Ta Ts'ing, avec Chouen Tche comme premier empereur effectif (22 sept. 1643). Ces Mandchoux appartenaient à la même famille que les anciens Kin ; leur ancêtre, Ngaisin Gioro, appartenait à la tribu des Sou Chen, établie dans le territoire actuel de Kirin. Ses descendants, T'ai Tsou (T'ien Ming) 1616, dont le nom tartare était Nourhatchou, † en 1626, T'aï Tsoung (T'ien Tsoung, puis Tch'oung Ti) commencèrent la conquête de la Chine ; ce dernier mourut le 21 septembre 1643, au milieu du triomphe qu'il avait remporté sur Li Tseu-tch'eng.

Le premier soin des Mandchoux fut d'écraser Li Tseu-tch'eng qui fut mis à mort par des villageois de T'oung Tch'eng, Hou Pe, auxquels il allait demander des vivres. Les Mandchoux eurent l'habileté de ne pas changer la forme de gouvernement ; ils ne supprimaient ni les emplois, ni leurs titulaires, il les doublaient ; seule la coutume de se raser le sommet de la tête imposée aux Chinois par les conquérants marqua l'avènement d'une dynastie étrangère. Profitant des dissensions des prétendants Ming, les Tartares écrasèrent leurs partisans dans le Kouang Toung et le Kouang Si et s'emparèrent de Canton. Toutefois les Mandchoux, se rendant compte combien était précaire leur domination, voulant étouffer les idées d'indépendance des provinces, décidèrent la création de trois grandes principautés dont les titulaires chinois se prêteraient secours mutuels.

CHOUEN TCHE. — Chouen Tche avait des relations cordiales avec le Père Jésuite Adam Schall, Président du Tribunal des Mathématiques. Saint François Xavier, mort en 1552 à San Tch'ouan, n'avait fait que d'entrevoir le continent chinois ; le véritable fondateur des missions de Chine fut le P. Matteo Ricci, né à Macerata le 6 octobre 1552, arrivé en 1601 à Pe King, où il mourut le 11 mai 1610.

Ce fut sous Chouen Tche qu'arriva à Pe King la première ambassade russe conduite par Baïkov (1656). Chouen Tche mourut le 5 février 1661 ; il laissait le trône à son fils, né le 4 mai 1654, qui prit le *nien hao* de K'ang Hi qu'il a rendu illustre.

K'ANG HI. — L'administration de l'Empire par quatre Régents prit fin en 1667, avec la mort du plus âgé d'entre eux. K'ang Hi, fils de Chouen Tche, malgré son jeune âge, prit en mains les rênes du gouvernement (25 août 1667). Au début de son règne, les Hollandais avaient perdu l'île de Formose, prise par le pirate Koxinga le

1er février 1662 ; les Mandchoux mirent fin au royaume
éphémère de Koxinag en 1683. Les Hollandais n'avaient
pas perdu l'espérance de reprendre Formose. Le 29 juin 1662,
l'amiral Balthasar Bort fut envoyé à cet effet avec douze
vaisseaux et 1.2 84 hommes ; sa croisière d'une année
n'amena aucun résultat pratique, pas plus qu'une nou-
velle expédition partie de Batavia le 1er juillet 1663, également sous son commandement.

Une ambassade hollandaise, sous les ordres de Pieter
van Hoorn, est envoyée à Pe King en 1666 ; elle revient
à Batavia en janvier 1668 ; cette mission, aussi infructueuse
que celle de Van Goyer et que celle de Campen et de
Nobel, dépêchée ensuite, ne rapportait que la permission
de l'Empereur d'envoyer des ambassadeurs de huit ans
en huit ans, et de faire leur commerce, non dans le Fou
Kien, mais une fois tous les deux ans, à Canton.

Le fameux Wou San-kouei, à qui les Mandchoux devaient certainement le trône de Chine, créé Prince Paci-
ficateur de l'Occident avec le Yun Nan et le Se Tch'ouan
comme apanage, s'étant révolté, à cause de la méfiance
qui lui était témoignée (1674), une guerre s'ensuivit qui
amena la défaite des rebelles : Wou était mort de vieil-
lesse et de paralysie (oct. 1678).

RUSSES. — Les Russes, qui avaient créé le poste d'Albasine sur l'Amour, envoyèrent en 1674 une mission confiée
à Nicolas Spatar Milescu qui conseilla à son retour aux
Albasiniens de gagner les bonnes grâces des Chinois au
lieu de faire des incursions dans leurs territoires. En effet,
en juin 1685, ils chassèrent les Russes d'Albasine qui fut
rasée. L'année suivante, les Albasiniens étant revenus, le
siège de leur ville fut repris, mais le 27 août-6 septembre 1689

un traité fut signé à Nertchinsk entre Russes et Chinois ; les premiers étaient refoulés au delà du He Loung Kiang jusqu'à la chaîne de montagnes qui s'étend jusqu'à la mer ; d'autre part, ils obtenaient une délimitation officielle des frontières et, chose fort importante, la liberté de circuler et de faire le commerce en Chine pour leurs nationaux munis d'un passeport en règle. Une ambassade russe, dirigée par Evert Isbrand Ides (1693), n'eut aucun résultat pratique.

En 1712, un envoyé chinois, T'ou Li-chen, par la Sibérie, se rendit sur la Volga, chez les Mongols Tourgoutes pour les engager à retourner dans leur patrie d'origine : l'Asie centrale ; ce ne fut que sous K'ien Loung que s'opéra cette transmigration.

Une nouvelle ambassade russe arriva à Pe King avec Ismaïlov (1720) ; le Suédois Lange resta comme agent de la Russie dans la capitale chinoise, mais les questions en litige ne furent complètement réglées qu'en 1727 par le traité signé à Kiakhta par le comte Sava Vladislavitch.

Un nouveau danger menaçait l'Empire, les Eleuthes (Kalmouks ou Mongols occidentaux), qui dominaient dans les T'ien Chan, menaçaient de s'avancer jusqu'au Kou Kou Nor dont la route leur était barrée par les Kalkhas. Après deux campagnes en 1690 et en 1696, le chef des Eleuthes, Galdan, vaincu, mourait en 1697, et sa disparition contrariait les plans des Russes qui le soutenaient contre les Chinois.

FRANCE. — La France n'entra que tardivement dans la lice pour obtenir sa part dans le commerce d'Extrême-Orient. En 1529-1530, les frères Parmentier, pour le compte d'Ango, le célèbre armateur dieppois, organisèrent avec la *Pensée* et le *Sacre* un voyage à Sumatra, où ils moururent. D'autre part, des expéditions encouragées par le tsar Fedor Ier, successeur d'Ivan IV, étaient envoyées par la route du N.-E. en Russie. Henri IV, le 1er juin 1604, créait une Compagnie française des Indes qui ne réussit pas. Ce n'est qu'à partir de la création d'une grande Compagnie des Indes, en 1664, que commence véritablement l'action française dont le commerce était doublé et appuyé par une action religieuse. A la suite des prédications d'Alexandre de Rhodes, jésuite d'Avignon, ancien missionnaire au Tong King, trois vicaires apostoliques français furent désignés pour les pays d'Extrême-Orient : François Pallu, évêque d'Héliopolis, La Motte Lambert, évêque de Beryte, et Ignace Cotolendi, évêque de Metellopolis qui mourut en route. Pour appuyer l'action des évêques et leur fournir des missionnaires, sur un terrain cédé par l'évêque de Babylone, fut établi à Paris un Séminaire des Missions étrangères (1663-1664).

En 1697, la Compagnie des Indes céda pour la Chine son privilège à une société Jourdan, Decoulange et Cie, qui équipa l'*Amphitrite* pour Canton ; les affaires périclitèrent ; une nouvelle Compagnie de Chine établie en 1712 fut réunie avec les autres Compagnies privilégiées de commerce à la grande Compagnie des Indes par un édit du roi de mai 1719.

En 1685, profitant du départ du chevalier de Chaumont pour le Siam, le Roi envoya six jésuites : Fontaney, Bouvet, Gerbillon, Visdelou et Le Comte à destination de Pe King et Tachard qui resta à Siam. Les cinq jésuites établirent dans la capitale de la Chine la mission française qui dura jusqu'à la suppression de la Compagnie de Jésus. Ils eurent à prendre parti dans la grande querelle des rites chinois soulevée par le dominicain Moralez au milieu du XVIIe siècle et renouvelée à la fin. Le Patriarche d'Antioche, Maillard de Tournon, envoyé par Clément XI pour régler la question, ne réussit pas et mourut en prison à Macao en 1710. Un nouveau légat désigné par Clément XI, le Patriarche d'Alexandrie, Mezzabarba, ne fut pas plus heureux (1720). La querelle ne finit que par la publication, le 11 juillet 1742, par le Pape Benoît XIV, de la bulle *Ex quo singulari*. On imposait aux missionnaires à destination de la Chine, aussi bien qu'à ceux qui y résidaient déjà, une formule de serment par lequel ils ne devaient plus approuver le culte rendu à Confucius et aux Ancêtres, et ils devaient accepter le terme unique de *T'ien Tchou*, seigneur du Ciel, pour désigner Dieu.

En 1707, K'ang Hi décida de confier aux Jésuites de sa Cour la publication d'une carte de son Empire ; cette carte, commencée le 4 juillet 1708, fut terminée en 1718. K'ang Hi fut un véritable lettré et ce fut sous son inspiration ou sous sa direction que parurent de grands dictionnaires ou recueils, en particulier le fameux dictionnaire qui porte son nom, le *K'ang Hi Tseu Tien*, paru pour la première fois en 1716, dans lequel les caractères sont rangés d'après le nombre de leurs traits depuis un jusqu'à 17 traits, sous 214 clefs. En 1671, il donna une série de seize maximes auxquelles son fils, Young Tcheng, ajouta des commentaires et l'ouvrage fut nommé le *Cheng Yu Kouang Hiun*, le « Saint Edit ».

K'ang Hi fut le plus grand prince de la dynastie mandchoue ; il mourut le 20 décembre 1722 ; il fut remplacé par son fils, Yin Tchen, qui prit le *nien hao* de Young Tcheng ; il avait 44 ans.

YOUNG-TCHENG. — Le nouveau souverain commença par punir ses frères et leurs partisans qui s'étaient montrés hos-

tiles à son avènement. Il persécuta cruellement les chrétiens,
et les missionnaires, sauf ceux qui étaient employés au Palais,
furent expulsés non seulement de la capitale, mais aussi de
toutes les provinces, et furent relégués à Macao (1724). Toutefois Young Tcheng se montra bon administrateur ; ce fut
lui qui, en avril 1732, créa le *Kioun ki tch'ou*, « Cour suprême
des secrets de l'Empereur ». Il était lettré. Il mourut le
7 octobre 1735 et son successeur fut son quatrième fils,
Houng Li, qui prit comme nom de règne K'ien Loung.

K'IEN LOUNG. — Le grand événement militaire de ce
règne est la destruction du pouvoir militaire des Eleuthes
et la conquête de leur pays, les T'ien Chan, annexé à l'Empire (1759). Cette nouvelle région, *Sin Kiang*, fut divisée,
suivant que le pays était au nord ou au sud des T'ien Chan,
en *T'ien Chan Pe Lou* et en *T'ien Chan Nan Lou*, administrés
par des gouverneurs militaires, *Tsiang Kiun* ; à côté des
fonctionnaires chinois, on conserva les chefs indigènes, *begs*.
K'ien Loung fut moins heureux dans une guerre contre
le conquérant birman Alompra qui fit l'unité de son pays
et imposa aux Chinois une convention de paix à Kang tun,
le 13 décembre 1769.

Ce fut sous ce règne que les Tourgoutes, jadis visités
par T'ou Li Chen, retournèrent dans leur pays d'origine,
l'Asie centrale (1771), et que les sauvages Miao tseu,
répandus sur les frontières du Se Tch'ouan et du Kouei
Tcheou, furent réduits (1775). D'autre part K'ien Loung
établissait au Tibet la suprématie temporelle de la Chine.
L'Empereur, avec le vice-roi des Deux Kouang, intervenait
(1788) en Annam où avait éclaté la révolte des Tay So'n
qui avait amené la chute de la dynastie des Lê.

Le commerce des étrangers à Canton avait augmenté dans de grandes proportions ; il était conduit par l'intermédiaire de marchands privilégiés nommés par les Français *Marchands hanistes* et par les Anglais *Hong Merchants* ; leur réunion était le *Cohang* ou *Cohong* ; ils étaient sous la dépendance d'un fonctionnaire désigné par les étrangers comme le *hoppo*. Les Anglais avec l'East India Co., les Français avec la Compagnie des Indes orientales faisaient un commerce actif ; les Suédois, les Danois, etc., puis plus tard les Américains visitaient également Canton. Après la destruction de la Compagnie des Indes, en 1770, un consulat de France fut créé à Canton le 3 février 1776. Des difficultés avec les autorités chinoises, augmentant d'année en année, décident les Anglais à envoyer une ambassade à Pe King avec Lord Macartney (1792-1794) qui n'obtint pas de satisfaction, pas plus que l'ambassade hollandaise de Titsingh qui la suivit (1794).

K'ien Loung, ne voulant pas dépasser le nombre d'années de règne de son grand-père K'ang Hi, abdiqua le 8 février 1796 en faveur de son fils Kia K'ing. K'ien Loung, qui était un grand lettré, mourut trois ans plus tard, le 7 février 1799.

KIA K'ING. — Le règne de Kia K'ing est marqué par les révoltes des sociétés secrètes, en particulier de celle du *Pe Lien kiao*, secte du Nénuphar blanc, qui envahirent à Pe King le Palais impérial, d'où ils furent chassés (1813) par le prince qui régna depuis sous le nom de Tao Kouang. A deux reprises, en 1802 et en 1808, les Anglais tentèrent de débarquer à Macao, mais ils en furent empêchés par les Chinois. Non découragés par l'insuccès de la mission de Macartney, les Anglais envoyèrent, en 1816, une ambassade dirigée par Lord Amherst, qui fut encore moins heureuse que la précédente. Kia K'ing mourut le 2 septembre 1820.

TAO KOUANG. — Tao Kouang, qui remplaça son père Kia K'ing sur le trône, eut à porter le poids des erreurs de son prédécesseur. Les difficultés avec les Anglais à Canton augmentaient de jour en jour ; une mission, confiée par ceux-ci à Lord Napier (1834), avait échoué devant l'intransigeance des Chinois. La destruction de 20.243 caisses d'opium par le Commissaire impérial Lin amena la guerre qui se termina le 29 août 1842 par le traité signé à Nan King par Sir Henry Pottinger. Outre une indemnité, les Anglais obtenaient l'ouverture de cinq ports à leur commerce : Canton, Amoy, Fou Tcheou, Ning Po et Chang Haï ; la cession de Hong Kong, le privilège des Hanistes était supprimé. Les Américains, avec Caleb Cushing suivirent l'exemple des Anglais et signèrent un traité à Wang Hia le 3 juillet 1844. Puis la France envoyait une ambassade dirigée par M. Théodore de Lagrené qui, par le traité de Whampoa, le 24 octobre 1844, obtenait les mêmes avantages que les Anglais ; une importante mission économique complétait l'œuvre des diplomates.

Chang Haï, dans la province de Kiang Sou, sur le Houang Pou, fut sous le nom de Houa ting haï, l'ancien port de Soung Kiang ; en 1360, elle fut élevée au rang de *hien* et elle fut entourée de murailles en 1570. Le capitaine Balfour y établit en 1843 la concession anglaise ; la concession française fut créée par M. de Montigny et la concession américaine par l'évêque protestant Boone en 1848.

L'île de Hongkong (Hiang Kiang) était un rocher stérile,

volcanique, à l'entrée de la rivière de Canton. La prise de possession par les Anglais fut faite par Sir Edward Belcher (25 janvier 1841) et le premier gouverneur de l'île fut John Francis Davis en 1844.

Deux nations suivirent l'exemple de l'Angleterre, de la France et des Etats-Unis, le 25 juillet 1845, la Belgique signait un arrangement commercial avec la Chine ; le 20 mars 1847, la Suède et la Norvège concluaient un traité régulier de paix, d'amitié et de commerce.

Depuis le départ de De Guignes, rentré en France en 1801, la France n'avait pas été représentée à Canton par un consul de carrière ; le 24 novembre 1827, on avait nommé un agent consul honoraire dans cette ville, Benoît Gernaert, après le départ duquel la gérance du consulat de France à Canton fut confiée à Lancelot Dent. En vue des événements considérables qui se déroulaient en Chine, on créa le 8 juillet 1839 un consulat général aux îles Philippines (Manille) et on appela à ce poste Adolphe Barrot, qui envoya à Canton Eugène Chaigneau, nommé à Singapore et C. A. Challaye, chargé comme élève consul de la gérance du consulat de Canton (10 sept. 1839) ; enfin, le 21 septembre 1842, on nomma consul dans ce port le comte de Ratti-Menton, qui fut remplacé l'année suivante par M. Lefebvre de Bécour. A la suite du traité de Whampoa, signé en 1844 par M. de Lagrené, la France se décida à supprimer ses consulats de Manille et de Canton, et à créer une légation permanente à Macao et un vice-consulat à Chang Haï. Le consulat de Canton ne fut rétabli que sous le second Empire.

Tao Kouang mourut le 23 février 1850 ayant pour successeur son quatrième fils qui fut le misérable empereur Hien Foung.

Hien Foung. — Tout d'abord, une formidable rébellion, dirigée par Houng Sieou-ts'iouen, qui avait éclaté au Kouang Si, s'étendit jusqu'au Kiang où Nan King fut pris le 8 mars 1853 et devint la capitale de Houng qui prit le titre de T'ien Wang et donna à sa dynastie le nom de T'aï P'ing. D'autre part, une grande révolte des musulmans du Yun Nan, aux environs de Ta Li, en 1856, créait dans cette ville un petit état sous le sultan Tou Wen-sieou, malgré la soumission des deux principaux chefs. Enfin la situation avec les étrangers, devenue de plus en plus mauvaise, conduisait à une guerre désastreuse avec l'Angleterre et la France alliées.

Le meurtre, le 29 février 1856, du missionnaire français Chapdelaine à Si'lin hien au Kouang Si, la saisie le 8 octobre 1856 du bateau anglais *Arrow* dans la rivière de Canton furent les causes d'une intervention de l'Angleterre et de la France en Chine. Canton fut bombardé les 27-29 octobre. Le Parlement anglais, dans sa séance du 24 février 1857, s'étant montré hostile à la politique du Gouvernement, fut dissous ; le pays donna raison au Gouvernement. Le baron Gros pour la France, Lord Elgin pour l'Angleterre étaient nommés ambassadeurs. La rébellion des cipayes aux Indes en mai 1857 retarda un peu l'expédition des troupes anglaises, mais le 29 décembre Canton était pris et le vice-roi Yé , capturé, fut envoyé prisonnier à Calcutta où il mourut. Les alliés remontèrent dans le nord : le 20 mai, ils s'emparaient des forts de Ta Kou, à l'entrée du Pei Ho et, remontant à T'ien Tsin, ils signèrent des traités, les Anglais le 26 juin et les Français le 27 juin. De nouveaux ports étaient ouverts au commerce.

L'année suivante, lorsque les plénipotentiaires français et anglais, Sir Frederick Bruce et Bourboulon, se présentèrent en juin 1859 pour la ratification des traités, ils furent accueillis à coups de canon. La guerre recommença : Gros et Elgin furent renommés ambassadeurs : Montauban et Charner furent mis à la tête des troupes et des navires français, Hope Grant et Hope à la tête des troupes et des navires anglais. Après la prise des forts de Takou, les alliés remontèrent à T'ien Tsin puis le long du Pei Ho, où ils furent, malgré un armistice, traîtreusement attaqués près de T'oung Tcheou, le 18 septembre 1860 ; le 21 septembre, la cavalerie tartare était bousculée à Pa li k'iao et les alliés arrivaient sous les murs de Pe King ; les Français occupèrent, le 6 octobre, le palais d'Été Youen Ming Youen qui fut pillé et les Anglais le Wan cheou chan qu'ils incendièrent le 18 octobre par ordre de Lord Elgin lorsqu'ils reçurent les cadavres des victimes du guet-apens de T'oung Tcheou. L'empereur Hien Foung avait fui à Djehol ; son frère, le prince Koung, resté à Pe King, signa les 24 et 25 octobre des conventions avec l'Angleterre et la France qui complétaient les traités de T'ien Tsin et autorisaient l'établissement de légations à Pe King. Les Américains et les Russes obtenaient des avantages semblables.

La guerre de 1860 laissait la Chine dans la situation la plus lamentable : l'empereur, tyran sanguinaire et inconscient, était en fuite à Djehol, laissant son jeune frère, le prince Koung, se débattre au milieu des difficultés ; la rébellion était maîtresse de Nan King ; au Chan Toung, les *nien fei* pillaient et ravageaient ; au Yun Nan, Ta li restait entre les mains des musulmans ; les ports du Nord n'étaient pas évacués par les étrangers, Chang Haï non plus, et ils tenaient Canton, le grand port du Sud. Le sort de l'Empire mandchou dépendait de l'étranger : se tournerait-il vers le rebelle T'aï P'ing et il y songea, ou vers le Gouvernement impérial ? Ce fut à ce dernier parti qu'il se résigna sans enthousiasme. La mort de Hien Foung, le 22 août 1861, simplifia les choses ; la camarilla qui entourait le misérable empereur essaya de s'emparer du pouvoir ; elle succomba devant l'énergie du prince Koung et l'ambition des impératrices douairières.

T'OUNG TCHE. — Hien Foung eut pour successeur son jeune fils T'sai Tchoun qui reçut le *nien-hao* de Ki Tsiang, changé en celui de T'oung Tche après un coup d'État à la suite duquel, le parti réactionnaire de la Cour ayant été battu, la régence fut exercée par les impératrices douairières Ts'eu Ngan et Ts'eu Hi, avec le prince Koung, frère du défunt empereur comme conseiller. Le premier soin du nouveau gouvernement fut d'écraser les T'aï P'ing ; il y réussit grâce au concours que lui prêtèrent les étrangers, soit des Américains, tels Ward et Burgevine ; soit des Anglo-Chinois, tels Holland et Gordon ; soit des Franco-Chinois, tels l'amiral Protet, tué à Nanjao le 19 février 1863, Tardif de Moidrey, Lebrethon de Caligny, d'Aiguebelle et Giquel, ainsi qu'à la grande activité du vice-roi des Deux Kiang, Tseng Kouo-fan, et du fou taï du Kiang Sou, Li Houng-tchang. Sou Tcheou (5 déc. 1863), Hang Tcheou (21 mars 1864), et enfin Nan King (19 juillet 1864) tombèrent entre les mains des troupes impériales ; les chefs rebelles se suicidèrent ou s'empoisonnèrent.

Suivant l'exemple des Français, des Anglais, des Russes et des Américains, d'autres nations signèrent des traités avec la Chine : le roi de Prusse et le Zollverein (2 sept. 1861), le Danemark (13 juillet 1863), l'Espagne (10 oct. 1864), la Hollande (6 oct. 1863), la Belgique (2 nov. 1865), les Italiens (26 oct. 1866), les Autrichiens (2 sept. 1869).

Cependant une grande hostilité contre les étrangers et en particulier contre les Français régnait chez les Chinois : le 21 septembre 1870, le consul de France, Fontanier, son chancelier Simon, l'interprète de la légation de Pe King, Thomassin, et sa femme, deux Français, deux Lazaristes, trois Russes et neuf sœurs de Saint-Vincent de Paul furent massacrés à T'ien Tsin. Malheureusement la guerre qui éclata entre la France et l'Allemagne nous empêcha de tirer de ce crime inouï la vengeance qu'il méritait. Le Commissaire impérial des Trois Ports du Nord, Tchoung Heou, fut envoyé en France pour apporter les excuses de son gouvernement.

T'oung Tche s'étant marié en octobre 1872, devenait majeur, et prenait les rênes du gouvernement le 23 février 1873 ; le lendemain, il recevait en audience solennelle les ministres étrangers accrédités à sa Cour ; mais le jeune Empereur ne devait pas régner longtemps : il fut emporté par la variole le 12 janvier 1875. Il laissait une situation difficile causée par de nombreux problèmes extérieurs. Comme il n'avait pas d'enfant, son cousin Ts'ai Tien, âgé seulement de quatre ans, monta sur le trône sous le nom de Kouang Siu : la régence fut exercée une fois de plus par Ts'eu Hi et Ts'eu Ngan qui mourut en 1881.

Kouang Siu. — La Chine se trouvait en présence de questions ardues à régler à la fois avec la Grande-Bretagne, la Russie et la France ; elle sut habilement les traiter successivement, en évitant de laisser ces trois nations agir ensemble.

Tout d'abord une mission anglaise organisée par le Gouvernement de l'Inde et autorisée par la Chine, commandée par le général Horace Browne, devait se rendre de

Bhamo en Birmanie au Yun Nan ; attaquée à la frontière le 21 février 1874, l'interprète Margary fut assassiné à Manwyne ; de longues et pénibles négociations conduites par Sir Thomas F. Wade, ministre d'Angleterre à Pe king, aboutirent à la signature de la Convention de Tche Fou (13 sept. 1876), divisée en trois sections : la première réglait l'affaire Margary avec excuses et indemnité de 200.000 taels ; la seconde avait trait aux relations diplomatiques et consulaires, et la dernière, toute commerciale, était relative à l'ouverture des ports de I Tch'ang et Wou Hou, sur le Kiang, de Wen Tcheou, dans le Tche Kiang, et de Pak Hoï, dans le Kouang Toung ; c'est à la suite de cette convention que des légations permanentes chinoises furent établies à l'étranger.

Les Dzoungares de l'Asie centrale s'étant révoltés sous la conduite du petit-fils de Djihanghir, Bourzouk, et sous celle de Yakoub Beg, les Russes redoutant leur entrée au nord des T'ien Chan, occupèrent d'une manière temporaire la région de Kouldja en 1871. Après la défaite et la mort de Yakoub, les Chinois réclamèrent le territoire occupé par les Russes et Tchoung Heou fut envoyé à Saint-Pétersbourg pour en négocier la restitution. Tchoung Heou signa en 1879 à Livadia un traité qui cédait à la Russie non seulement Kouldja, mais aussi la passe de Mouzarte qui conduit du Pe Lou au Nan Lou ; il accordait en outre aux Russes des avantages commerciaux excessifs dans l'intérieur de la Chine. Le traité fut dénoncé par le censeur Tchang Tche-toung et Tchoung Heou fut condamné à mort ; la guerre faillit éclater entre les deux Empires ; des négociations heureuses, reprises à Saint-Pétersbourg par le marquis Tseng, ministre à Paris et à Londres, permirent de signer dans la capitale russe un nouveau traité

(12-24 fév. 1881) par lequel la Chine rentrait en possession d'une grande portion du territoire qu'elle réclamait.

Les difficultés avec la France naquirent de l'intervention de la Chine dans les affaires d'Annam qui seront traitées ailleurs ; après les exploits de l'amiral Courbet, la situation fut définitivement réglée par le traité signé à T'ien Tsin par notre ministre Patenôtre (9 juin 1885) et la convention commerciale conclue dans cette même ville par M. Cogordan (25 avril 1886), complétée par une convention additionnelle d'Ernest Constans (26 juin 1887).

L'empereur Kouang Siu, ayant atteint sa majorité, se maria le 26 février 1889 ; c'était là fin de la régence, mais non de l'influence de l'impératrice Tseu Hi. Une guerre désastreuse allait préparer la chute de la dynastie.

Guerre sino-japonaise. — Le 28 mars 1894, un des Coréens qui avaient pris part à l'affaire de 1884 à Seoul, dans l'intérêt des Japonais, Kim-ok Kyoum, fut assassiné à Chang Haï par un de ses compatriotes, Hong Tjyoung-ou ; celui-ci, renvoyé par les Chinois, fut accueilli avec honneur dans son pays. La situation tendue entre la Chine et le Japon depuis plusieurs années rendait la guerre inévitable. Le 25 juillet, le navire anglais *Kowshing*, qui portait des troupes chinoises et des munitions à l'embouchure du Ya Lou, fut coulé par les Japonais qui le 1er août infligeaient une sérieuse défaite à l'armée chinoise qui s'était établie dans le sud de la péninsule coréenne à Sei kouan. La guerre était déclarée le 1er août. Le 26, les Japonais obligeaient les Coréens à signer une convention qui mettaient ceux-ci sous leur dépendance. Le 16 septembre les Japonais bousculaient les Chinois à P'ing Yang, tandis que leur flotte le lendemain dispersait la flotte chinoise à l'entrée du Ya Lou ; le 21 novembre, ils s'emparaient de Port-Arthur et, le 30 janvier 1895, de Wei Haï Wei ; le 6 mars ils occupaient Nieou Tchouang. Une nouvelle armée débarquait le 23 mars à Formose et prenait Ki Loung le 3 juin. Li Houng-tchang, envoyé au Japon pour négocier les conditions de la paix, est victime de la part d'un fanatique japonais d'une tentative d'assassinat. Après de longues et pénibles négociations, le 17 avril, un traité était signé par les deux puissances à Shimonoseki : les conditions en étaient dures pour la Chine qui était obligée d'abandonner les Pescadores, l'île de Formose et le sud du Liao Toung ; mais, par l'intervention de la France, de la Russie et de l'Allemagne, les Chinois obtenaient la restitution de ce dernier territoire.

Le traité de Shimonoseki fut suivi de cessions à bail de divers ports chinois aux nations étrangères : aux Russes échurent Port-Arthur et Ta Lien Wan ; les Anglais obtinrent Wei Haï Wei au Chan Toung et les Français Kouang Tcheou Wan, au Kouang Toung ; plus grave fut la cession obtenue par surprise et violence par l'Allemagne de Kiao Tcheou, au Chan Toung.

ALLEMAGNE. — Pendant longtemps les Allemands, pour étendre leur influence politique et commerciale dans l'Extrême-Orient, avaient cherché, à l'exemple des Anglais à Hongkong et des Français en Indochine, à s'établir sur un point de la côte de Chine. Amoy excita leur convoitise, mais la prise de possession des Pescadores et de Formose par les Japonais, à la suite de leur guerre avec la Chine, détourna les Allemands du littoral du Fou Kien et leur fit jeter leurs regards vers un autre point de la côte. Justement le géologue bien connu, baron Ferdinand de Richthofen, avait signalé à l'attention du Gouvernement allemand la baie de Kiao Tcheou, au Chan Toung. Le 23 juillet 1896, la canonnière allemande *Iltis* quittait Tchefou, ostensiblement pour Nagasaki, très probablement pour Kiao Tcheou ; elle n'arriva pas à destination : un typhon la fit échouer au nord du promontoire S.-E. du Chan Toung. L'occasion perdue fut vite retrouvée : le meurtre de deux prêtres de Steyl, les PP. Nies et Henle, le 1er novembre 1897, donna à l'amiral von Diederichs un prétexte pour occuper Kiao Tcheou le 14 novembre.

La Chine, trop faible pour résister à cette agression injustifiable, fut obligée, par une convention du 6 mars 1898, de céder à bail à l'Allemagne pour 99 ans, tout en gardant tous ses droits de souveraineté, une zone de 50 kilomètres à partir de la marée haute autour de la baie de Kiao Tcheou, pour le passage en tout temps de troupes allemandes ; elle accordait aussi un droit de bail sur les deux rives de l'entrée de la baie ainsi que sur un certain nombre d'îles, avec l'autorisation pour l'Allemagne de construire deux lignes de chemin de fer au Chan Toung et de mettre en valeur les gisements miniers sis dans les 15 kilomètres de part et d'autre de la voie ; l'une de ces lignes, qui allait de Tsing Tao à Tsi Nan, la capitale de la province, n'avait pas moins de 434 kilomètres de longueur.

D'ailleurs les prétentions de l'Allemagne augmentaient ; par un échange de notes du 31 décembre 1913, elle obtenait le privilège de deux lignes de chemin de fer, allant l'une de Kaomi au Chan Toung à la grande ligne de T'ien Tsin-P'ou K'eou en face de Nan King ; l'autre de Tsi Nan à la ligne de Pe King à Han K'eou : c'était la prise de possession, non seulement de tout le Chan Toung, mais aussi de la vallée du Canal Impérial, d'autant plus que l'Allemagne obtenait un droit de préférence pour les lignes de Tche fou-Wei Hien, Tsi Ning-K'aï Foung, et même pour toute extension vers l'ouest de la ligne Tsi Nan-Choun Te (ligne de Pe King-Han K'eou).

RÉFORMES. — L'empereur Kouang Siu s'était rendu compte de la faiblesse du gouvernement mandchou et du mécontentement de la population chinoise. Il avait senti plus qu'aucun de ses sujets la nécessité de modifier la politique et l'administration de l'Empire à la suite de la guerre avec le Japon : cette triste leçon n'avait pas été perdue pour lui. Alors qu'on cherchait des victimes expiatoires pour conjurer la colère nationale, qu'on chargeait injustement le signataire du traité de Shimonoseki, Li Houng-tchang, de fautes dont il n'était pas responsable, l'empereur porta résolument la cognée dans l'édifice croulant de la dynastie mandchoue et tenta de la sauver en en arrachant les portions vermoulues et en la consolidant par des éléments nouveaux. Il fit appel aux réformateurs, et sa tentative généreuse reste, quoique malheureuse, la dernière belle page de l'histoire des Mandchoux en Chine.

Dès le 14 juin 1898, un décret impérial appelle les réformateurs Siu Tche-tsoung, K'ang Yeou-wei, Tchang Youen-ts'i, Houang Tsuen-houei et Tan Se-t'oung en audience impériale. Trop de précipitation dans les réformes, plus de zèle que de savoir-faire, le manque d'appui de l'élément militaire, l'hostilité des partis réactionnaires, firent avorter la tentative généreuse de Kouang Siu, et l'impératrice Ts'eu Hi, tenue à l'écart, reprenant le pouvoir, sacrifie à sa soif de vengeance empereur et réformateurs par son édit de proscription du 29 septembre 1898. K'ang Yeou-wei et ses amis sont condamnés à mort ; si le premier réussit à échapper aux bourreaux, d'autres, moins heureux, périssent dans les supplices ; toute autorité est enlevée à Kouang Siu.

BOXEURS. — Cette réaction fut suivie du soulèvement d'adversaires des étrangers désignés sous le terme de « boxeurs », encouragés d'abord secrètement puis ouvertement par la Cour. Le mouvement, du Chan Toung, ne tarda pas à gagner Pe King : le 20 juin 1900, le ministre d'Allemagne, baron von Ketteler, était assassiné dans la grande rue de Ha ta men ; les légations étrangères ainsi que la cathédrale furent assiégées par les boxeurs jusqu'au 14 août, date à laquelle elles furent délivrées par les troupes internationales envoyées à leur secours ; la Cour, comme en 1860, s'était enfuie ; un grand nombre de victimes avaient été faites parmi les étrangers. Après de longues négociations, un protocole final fut signé à Pe King le 7 septembre 1901 par les plénipotentiaires étrangers, Li Houng-tchang, le prince K'ing. Les principaux coupables étaient châtiés, une indemnité de 450.000.000 de haï kouan taels devait être payée, un quartier spécial devait être réservé aux étrangers dans la capitale, des missions d'excuses devaient être envoyées en Allemagne et au Japon, un véritable ministère des Affaires étrangères, *Wai wou pou*, devait remplacer l'insuffisant *Tsoung-li Yamen*. Li Houng-tchang, le principal des hommes d'État chinois, mourait peu après le 7 novembre 1901. La Cour réfugiée au Chen Si, à Si Ngan, rentra à Pe King et Ts'eu Hi ne tarda pas à redevenir plus puissante que jamais.

Sous prétexte de maintenir le *statu quo* et la paix générale en Extrême-Orient, la Grande-Bretagne et le Japon signèrent un accord le 30 janvier 1902 ; la France et la Russie y répondaient par l'accord du 19 mars 1902 ; cette dernière puissance signait en outre un traité spécial le 8 avril 1902, dans le but de restaurer et de raffermir les relations de bon voisinage interrompues par la crise de 1900.

GUERRE RUSSO-JAPONAISE. — Le Japon et la Russie se trouvaient en présence ; à qui appartiendrait l'hégémonie dans l'Extrême-Orient.

Le 7 février 1904, les ministres de Russie et du Japon quittaient par ordre, l'un Tokyo, l'autre Saint-Pétersbourg et, sans déclaration de guerre, l'amiral japonais Togo attaquait la flotte russe de Port-Arthur et torpillait le *Retvisan* et le *Césarevitch*, dans la nuit du 8 au 9 février ; le 9, le Japon et la Russie publiaient des notes, et le 11, cette dernière puissance déclarait la guerre ; le 23 le ministre du Japon Hayashi imposait un protocole à la Corée. Le 13 avril, le *Petropavlosk* se perdait avec l'amiral Makarov ; l'amiral Skrydlov remplaçait ce dernier comme commandant des forces navales russes. Le général Kuroki, à la tête de la première armée japonaise, force le passage du Yalou ; deux jours plus tard, Togo fait une tentative contre Port-Arthur. Le 5 mai, le général Oku, avec la deuxième armée japonaise, débarque à Pi tse wo (Leao Toung) ; le 6, l'avant-garde de Kuroki pénétrait à Foung Houang tch'eng. Oku, le 26 mai, enlève les lignes de Kin Tcheou et, le 8 juillet, il occupe K'aï P'ing. En juillet, la troisième armée japonaise, commandée par Nodzu, débarque à Ta kou chan et rejoint Oku après avoir occupé la passe de Fen chouei lin ; d'autre part, la quatrième armée japonaise, avec Nogi à sa tête, débarque à la baie Kerr et commence le siège de Port-Arthur. Une grande bataille navale le 10 août se termine par un désastre russe. Du 25 août au 3 septembre une

grande bataille fait rage à Leao Yang entre les Russes
commandés par Kuropatkin .et les Japonais avec Oyama,
Oku, Nodzu et Kuroki ; elle est suivie d'une autre grande
bataille livrée sur les bords du Cha Ho du 9 au 14 octobre.
Mais en janvier, Port-Arthur, défendu par le général
Stoessel, se rend à Nogi (janvier 1905). Après une nouvelle
grande bataille à Moukden du 1er au 9 mars (1905) livrée
par l'ensemble des armées japonaises avec Oyama, Oku,
Nodzu, Kuroki, Nogi, les Japonais, victorieux, le 21 mars
arrêtent la poursuite des Russes. L'escadre russe de la
Baltique qui avait quitté le 2 janvier 1905 Libau, sous les
ordres de l'amiral Rojestvenski, est anéantie dans le détroit
de Tsou shima par l'amiral Togo. Grâce à l'intervention
des États-Unis, un traité est signé entre les belligérants le
23 août-15 septembre, à Portsmouth (New Hampshire).

SIOUEN T'OUNG. — La mort de l'impératrice Ts'eu Hi
le 15 novembre 1908, précédée la veille par celle de
l'empereur Kouang Siu, allait avec une nouvelle Régence
amener un changement radical dans la situation de la
Chine. Kouang Siu fut remplacé par son neveu P'ou Yi,
fils de Tsai Foung (prince Tch'oun), né le 11 février 1906 ;
on lui donne le nom de règne de Siouen T'oung (22 janvier 1909).

Le régent, Tsaï Foung, commet la maladresse de dis-
gracier Youen Che-k'aï, Président du Ministère des Affaires
étrangères (4 sept. 1907) et Grand Conseiller, qui se retire
dans sa province ; on ne lui pardonne pas le rôle qu'il a
joué en 1898, trahissant Kouang Siu pour Ts'eu Hi, mais
il est l'homme le plus capable en Chine de tenir tête aux
événements qui se préparent. La révolution a commencé
au Se Tch'ouan ; on a voulu y nationaliser le chemin de

fer, par un essai de politique générale ; or, le Chinois, essentiellement particulariste, veut bien payer pour les travaux de sa province, mais non pour ceux de l'Empire en général. On envoie au Se Tch'ouan des troupes du Hou Pe ; le centre de la Chine, la grande agglomération des trois villes du Kiang et du Han, Wou Tch'ang, Han K'eou et Han Yang, dégarnie, sont la proie facile des révolutionnaires.

Les causes du mouvement révolutionnaire chinois sont multiples : il faut tout d'abord compter la haine, tantôt ouverte, tantôt latente, mais toujours constante du vieux Chinois pour son concurrent mandchou ; l'éclat des succès des Japonais contre les Russes, qui prouvaient que les Européens pouvaient être vaincus par les Jaunes : le bruit des victoires japonaises retentit à travers l'Asie entière et l'Hindou, comme le Siamois et l'Annamite, comme le Chinois, y virent le triomphe de l'Asiatique. De là, réveil d'aspirations que l'on pouvait croire étouffées. Les jeunes Chinois se rendirent en masse à Tokyo pour y étudier, tandis que la Chine, malgré son antipathie pour les habitants de l'Empire du Soleil Levant, faisait appel aux officiers japonais pour instruire son armée, non seulement parce qu'ils coûtaient meilleur marché que les instructeurs européens, mais aussi parce qu'ils étaient victorieux ; les étudiants, en même temps que la culture scientifique, prenaient au Japon des idées de progrès ; d'autres venaient en France, et absorbaient, sans pouvoir les digérer, Jean-Jacques Rousseau et les philosophes du XVIIIe siècle ; d'autres allaient aux États-Unis ; ils y puisaient des idées d'une liberté dont ils ne soupçonnaient pas l'existence. Tous ces exilés volontaires apprenaient à connaître ce qui faisait la faiblesse de leur pays ; tout en s'apercevant que leur civilisation surannée ne pouvait coexister avec les progrès de la société moderne, ils s'en prenaient de leur infériorité aux Mandchoux, qui n'étaient que les continuateurs d'une tradition qu'ils avaient acceptée en s'emparant du pouvoir. Les sociétés secrètes, qui pullulent en Chine, travaillaient depuis longtemps au renversement de la dynastie mandchoue, mais leurs efforts manquaient de coordination, et l'unité dans l'action leur fut donnée par les novateurs qui avaient été puiser en Occident leurs idées de liberté et de réforme. Leur venue amena l'écroulement de toute la machine gouvernementale vermoulue.

D'autre part, le gouvernement mandchou était sorti de la révolte des Boxeurs amoindri, humilié devant son peuple et devant les étrangers ; il cherchait le salut dans une réorganisation de son armée ; il construisait des chemins de fer ; il se donnait même une apparence de moralité en prohibant la culture du pavot, mais ses efforts mêmes pour échapper à l'abîme vers lequel il se précipitait, allaient lui créer des ennemis parmi les vieux Chinois. Les chemins de fer ruinaient les auberges et les marchands qui vivaient des mandarins et de la suite nombreuse qui les accompagnait dans leurs pérégrinations sur les grandes routes de Chine ; les anciens cultivateurs du pavot, source de l'opium, s'empressèrent, dans le Yun Nan, de se joindre aux rebelles et de reprendre la culture de la plante proscrite lorsque le mouvement actuel se produisit. Et ainsi de suite. On peut dire que la révolution a été faite autant par les vieux partis que par les réformateurs, et c'est justement l'antagonisme des intérêts qui rendra plus difficile le règlement de l'imbroglio chinois. Concilier des intérêts séculaires avec des réformes radicales n'est pas chose aisée.

La Cour mandchoue, affolée, désemparée, avec un empereur enfant, sans homme, sans chef, fait appel à Youen Che-k'ai, le seul homme capable de sauver la dynastie. Celui-ci se fait désirer ; enfin il cède aux prières : il sera le sauveur de la dynastie mandchoue menacée. Il va immédiatement envoyer à Han K'eou ses troupes bien exercées pour écraser les rebelles. Le grand homme va faire preuve de décision et d'énergie. Rien de la sorte ! il garde ses troupes dans le Nord et négocie avec les rebelles qui, faisant appel à tous les mécontents et aux gens sans aveu toujours prêts à jouer un rôle aux journées de révolution, voient grossir leurs rangs de jour en jour : ils ont tout le temps de se rendre maîtres de Wou Tch'ang, de se répandre dans la vallée du Yang Tseu et d'établir à Chang Haï une sorte de Grand Conseil. Pendant ce temps, Youen entreprend de prouver aux Mandchoux que la situation est perdue pour eux ; il réussit ; les princes sont apeurés et l'Empereur enfant abdique (31 déc. 1911). La République est proclamée et Youen Che-k'aï en devient, le 1er mars 1912, le premier Président, alors que Soun Yat-sen, la véritable cheville ouvrière du mouvement réformateur, n'a accepté, avec un désintéressement qu'il faut reconnaître, que le titre de président provisoire. Cette haute situation à laquelle Youen est arrivé ne suffit pas à l'ambitieux personnage ; il cherche à se débarrasser de rivaux possibles ; une nouvelle révolution se produit en 1913 dans les provinces du Sud. Youen en profite pour assurer ses projets : le 11 décembre 1915, il se fait offrir l'Empire qu'il refuse tout d'abord ; comédie qui ne trompe personne ; il l'accepte deux jours plus tard ; mais devant la révolution grandissante, il ne célèbre pas son accession au trône et il meurt peu après (6 juin 1916), plus rapidement qu'il ne l'eût désiré. Mais le gâchis continue et un grand danger menace l'indépendance de la République naissante.

JAPON. — Le Japon s'est substitué à la Russie en Mandchourie et il transforme en annexion le protectorat qu'il avait imposé à la Corée. Les circonstances allaient lui permettre de tenter d'établir son hégémonie sur l'Empire du Milieu, l'objet de son envie séculaire.

Au moment où la grande guerre éclata, le Président de la République chinoise proclama sa neutralité le 6 août 1914. Le 15 août, le Japon envoyait à l'Allemagne un ultimatum pour l'inviter à retirer immédiatement des eaux chinoises et japonaises les bâtiments de guerre et navires armés allemands de tout genre et à remettre aux autorités japonaises, le 15 septembre au plus tard, l'intégralité du territoire, cédé à bail, de Kiao Tcheou, en vue de sa restitution éventuelle à la Chine. L'ultimatum étant resté sans réponse, le Japon déclara la guerre à l'Allemagne le 23 août 1914. Le 7 novembre, Kiao Tcheou capitulait et les troupes japonaises et anglaises pénétraient dans la ville, qui fut ouverte au commerce le 1er janvier 1915.

Le 18 janvier 1915, le ministre du Japon à Pe King, Hioki, remettait au Président Youen Che-k'aï vingt et une demandes réparties en cinq paragraphes, qu'il avait reçues à Tokyo, le 3 décembre 1914. C'était la main-mise par les Japonais, non seulement sur le Chan Toung et la Mandchourie, mais aussi sur la politique et les finances de la Chine. Le gouvernement de Pe King hésite à accepter cette mise en tutelle.

Les Japonais renforcent leurs garnisons de Chan Toung et de Mandchourie et, le 7 mai 1915, le ministre du Japon à Pe King remet au Ministre des Affaires étrangères un ultimatum exigeant une réponse satisfaisante avant 6 heures de l'après-midi, le 9 mai ; le 8, la Chine cédait, et le 25 mai, son représentant, Lou Tseng-tsiang, ministre des Affaires étrangères, signait avec l'envoyé japonais Hioki Eki Juhsii une série de traités relatifs au Chan Toung, à la Mandchourie méridionale et à la Mongolie intérieure orientale. Le Japon, pour mieux assurer sa domination sur la Chine, s'opposait à ce que cette puissance, — qui s'offrait à le faire dès août 1914, — prît part à l'attaque dirigée contre Kiao Tcheou par les Anglo-Japonais ; de nouveau, en novembre 1915, le Japon l'empêche de se joindre aux puissances de l'Entente et ce n'est que le 14 août 1917 que la Chine peut déclarer la guerre à l'Allemagne et à l'Autriche, alors que le Japon s'est assuré, en février, l'appui du Gouvernement Impérial de Russie au sujet de ses desiderata concernant la cession éventuelle au Japon des droits appartenant à l'Allemagne au Chan Toung et des îles allemandes occupées par les forces japonaises dans l'Océan Pacifique au nord de l'Équateur. Le Japon se fait donner d'autres promesses d'appui par la Grande-Bretagne le 16 février 1917, par la France le 1er mars 1917 et par l'Italie le 28. Il est certain que la Chine n'a signé que contrainte les accords de 1915. Mais, lésée dans ses intérêts, la Chine a refusé d'accepter le traité de Saint-Germain ; elle boycotte les marchandises japonaises et le parti favorable dit parti Ngan Fou aux prétentions de Tokyo vient, dans la personne du maréchal Touan Ki-jouei, d'être battu par le général Tchang Tso-ling, inspecteur des trois provinces orientales, sous les murs de Pe King (août 1920).

Outre la question japonaise difficile à régler, la République chinoise doit lutter contre ses propres divisions : elle est aujourd'hui plongée dans un état chaotique qui peut se comparer à celui de la Russie. Le pouvoir appartient en entier aux armées que dirigent des chefs militaires luttant les uns contre les autres dans l'intérêt de leur ambition personnelle ; ce sont eux qui entretiennent la désunion entre le nord et le sud de l'Empire ; entre leurs mains, le Parlement et le Président de la République lui-même ne sont que des jouets qu'ils font mouvoir à leur gré. L'accord n'est pas encore fait entre le Nord et le Sud, alors que la seule chance de salut pour la Chine menacée aussi par le bolchevisme est dans l'union de tous les partis.

La Chine ne se maintient encore que par ses coutumes ancestrales et son droit coutumier : le peuple est excellent, mais l'administration est pourrie ; jalousie des fonctionnaires les uns contre les autres, rivalités personnelles, compétitions de toutes sortes, ambition démesurée, corruption sans égale, profonde ignorance, manque de désintéressement, absence d'idéal, patriotes plus bruyants que sincères : voilà ce que nous présente la nouvelle Chine, nous cachant les vertus réelles de la vieille Chine.

TABLE DES DYNASTIES

SAN HOUANG

AV. J.-C.	NOMS DE RÈGNE	NOMS PROPRES
2953	Fou Hi	*Pao Hi*
2838	Chen Noung, fils de Gan Teng	*Yen Ti*
2697	Houang Ti, fils de Fou Pao	*Yeou Hioung*

Wou Ti (Cinq Empereurs).

2598	Chao Hao	*Kin Tien*
2514	Tchouen Hiu	*Kio Yang*
2436	Ti K'o (K'ou)	*Kao Sin*
2366	Ti Tche	*Kie*
2357	Yao, frère de Ti Tche	*T'ao T'ang*
2255	Chouen, fils de Kou Seou	*Yeou Yu*

Première Dynastie : Hia (2205-1766 av. J.-C.).

IIe Dynastie : Chang ou Yin (1766-1122).

IIIe Dynastie : Tcheou (1122-255).

IVe Dynastie : Ts'in (221-209).

Ve Dynastie : Han ou Si Han (Han Occidentaux) (206 av. J.-C.-25 ap. J.-C.).
Han Postérieurs ou Toung Han (Han Orientaux) (25 ap. J.-C.-220).

Époque des Trois Royaumes (SAN KOUO) :

I

VIe Dynastie : CHOU HAN, PETITS HAN établis à Chou, au Se Tch'ouan (221-264).

II

Dynastie : WEI (220-265), à Lo Yang.

III

Dynastie : WOU (222-280), à Wou Tch'ang et à Nan King.

VIIe Dynastie : TSIN occidentaux (SI TSIN) (265-316).
TSIN orientaux (TOUNG TSIN) (317-420).

Époque Nord et Sud (NAN PE TCH'AO) :

VIIIe Dynastie : SOUNG (420-479).

IXe Dynastie : TS'I (479-502).

Xe Dynastie : LEANG (502-557).
Dynastie : WEI du Nord (Toba) (386-534).
Dynastie : WEI occidentaux ou SI WEI (535-557).
Dynastie : WEI orientaux ou TOUNG WEI (534-550).

XIe Dynastie : TCH'EN (557-589).
Dynastie : TS'I du Nord (PE TS'I) (550-577).
Dynastie : TCHEOU du Nord (PE TCHEOU ou HEOU TCHEOU) (557-581).

XIIe Dynastie : SOUEI (581-619).

XIIIe Dynastie : T'ANG (618-907).

Époque des Cinq Dynasties (WOU TAI) :

XIVe Dynastie : I. LEANG postérieurs (HEOU LEANG) (907-923).

XVe Dynastie : II. T'ANG postérieurs (HEOU T'ANG) (923-936).

XVIe Dynastie : III. TSIN postérieurs (HEOU TSIN) (936-946).

XVIIe Dynastie : IV. HAN postérieurs (HEOU HAN) (947-950).

XVIIIe Dynastie : V. TCHEOU postérieurs (HEOU TCHEOU) (951-960).

XIXe Dynastie : SOUNG (960-1127).
Dynastie : SOUNG méridionaux (1127-1279).
Dynastie : LEAO (K'i Tan) (907-1125).
Dynastie : LEAO occidentaux, SI LEAO, KARA K'ITAÏ (1125-1199).

XXe Dynastie : YOUEN (Mongols) (1280-1368).
Dynastie : KIN (Niu Tchen) (1115-1234).

XXIe Dynastie : MING (1368-1644).

XXIIe Dynastie : TS'ING ; capitale Pe King : (1644-1912)

1. Tchao-Tsou Youen Houang-Ti, *Ngaisin-kio-louo*. (Tse Wang).
2. Hing-Tsou Tche Houang-Ti, *Tou-tou-fou-man*. (K'ing Wang.)
3. King Tsou Yi Houang-Ti, *Kiu-tch'ang-ngan*. (Tch'ang Wang.)
4. Hien-Tsou Siouen Houang-Ti, *T'a-ko-che*. (Fou Wang.)
5. T'ai-Tsou Kao Houang-Ti, *Nou-eul-ho-tch'e* (Nourhatchou) ; né en 1559 ; † 30 sept. 1626. T'ien Ming, 1616.

6. T'ai Tsoung Wen Houang Ti, *Houang-t ai ki*, 20 oct. 1626 ; né 29 nov. 1592 ; † 21 sept. 1643. T'ien Tsoung, 1627. Tch'oung Te, 1636.

7. Che Tsou Tchang Houang-Ti, *Fou Lin* ; 8 oct. 1643 ; né 15 mars 1632 ; † 5 fév. 1661. Chouen Tche, 1644.

8. Cheng Tsou Jen Houang Ti, *Hiouen Yé*, 7 fév. 1661 ; né 4 mai 1654 ; † 20 déc. 1722. K'ang Hi, 1662.

9. Che Tsoung Hien Houang Ti, *Yin Tchen*, 27 déc. 1722 ; né 13 déc. 1678 ; † 7 oct. 1735. Young Tcheng, 1723.

10. Kao Tsoung Chouen Houang Ti, *Houng Li*, 18 oct. 1735 ; né 25 sept. 1711 ; abdique 9 fév. 1796 ; † 7 fév. 1799. K'ien Loung, 1736.

11. Jen Tsoung Souei Houang Ti, *Young Yen*, 9 fév. 1796 ; né 13 nov. 1760 ; † 2 sept. 1820. Kia K'ing, 1796.

12. Siouen Tsoung Tch'eng Houang Ti, *Mien Ning*, 3 oct. 1820 ; né 16 sept. 1782 ; † 25 fév. 1850. Tao Kouang, 1821.

13. Wen Tsoung Hien Houang Ti, *Yi Tchou*, 9 mars 1850 ; né 13 juillet 1831 ; † 22 août 1861. Hien Foung, 1851.

14. Mou Tsoung Yi Houang Ti, *Tsai Choun*, 11 nov. 1861 ; né 27 avril 1856 ; † 12 janvier 1875. T'oung Tche, 1862.

15. Te Tsoung King Houang Ti, *Tsai t'ien*, 25 fév. 1875 ; né 15 août 1871 ; † 14 nov. 1908. Kouang Siu, 1876.

16. P'ou Yi, 14 nov. 1908. Siouen T'oung, 1909.

ABBEVILLE. — IMPRIMERIE F. PAILLART

CHINE
Kilomètres
0   200   400   600   800
les ports ouverts aux étrangers
sont soulignés
MONGOLIE
KIRIN
MANDCHOURIE
CHENG-KING
Moukden
Niou-tch'ouang
MER DU JAPON
CORÉE
Séoul
PE-TCHE-LI
Pe-king
Oulsi
Pao-ting
Tien-tsin
G. de Petche-li
Takou
Tcha-fou
CHAN-SI
Tai-yuan
Tsi-nan
Wei-hien
CHAN-TOUNG
MER JAUNE
KAN-SOU
Lan-tcheou
King-tcheou
Tsing-tcheou
CHEN-SI
Si-ngan
Sin-ling
Kai-foung
HO-NAN
KIANG
NGAN-SOU
HOUEI
Mou-ling
TIBET
Tcheng-tou
SE-TCHOUEN
Toun-ling
HOU-PÉ
I-tchang
Ngan-king
Kiang-ning
MER DE CHINE
Chang-hai
ORIENTALE
Tchoung-king
Siu-tcheou
 Na-Kiang
Toung-ting
Han-tcheou
Kiou-kiang
L. Poyang
TCHÉ-KIANG
Wen-tcheou
BOUTAN
Brahmapoutre
INDE
YUN-NAN
Yun-nan
KOUEI-TCHEOU
Kouei-yang
Tchang-cha
HOU-NAN
Nan-tchang
KIANG-SI
FOU-KIEN
Fou-tcheou
chan-s
Koei-ling
Tamsoui
Formose (Japon)
Tai-ouan
KOUANG-SI
Kouang-tcheou
Canton
KOUANG-TOUNG
Delta de Fou-tchéou
Swatou
Wou-tcheou
Hiang-kong (Ag)
Victoria
TONKIN
Pak-hoi
Hanoi
Haï-phong
SIAM
ANNAM
Golfe
du Tonkin
Kioung-tcheou
Haï-nan
MER DE CHINE MÉRIDIONALE
OCÉAN PACIFIQUE
Me-khong
100°
105°
110°
90°
115°
120°